农村社会治理创新
与法治建设丛书

农村干部
依法治村管理实务

李笑 ◎编著

中国法制出版社
CHINA LEGAL PUBLISHING HOUSE

本书编委会

主　编：李　笑

编　委：朱玉侠　林　侠　朱玉梅　张元栋

徐　军　朱沛华　郭汝兰　杨彩云

李民华　李德业　朱玉辉　李传海

刘兆彩　李民传　李谦诚　李冰清

前言

农村干部处于贯彻执行党的方针政策的神经末梢，是实践农村工作的领头人，如何健全农村法治，依法治村，实现法治中国，对于巩固党的执政根基至关重要。当今世界处在深刻而复杂的变动之中。在新的历史条件下，各级农村干部肩负的责任更加重大，面临的情况也更加复杂，不只要具备出色的组织领导才能和驾驭复杂局面的能力，还要有深厚的法律素养，因此，这对基层农村干部的综合素养提出了更高的要求。在新的挑战面前，基层农村干部只有不断地学习与实践，提高自身综合素质，特别是法律素质，不断提高依法管理经济与社会事务的水平，才能适应时代发展的需要。

习近平同志在党的十八届四中全会上强调：坚持依法治国、依法执政、依法行政共同推进，坚持法治国家、法治政府、法治社会一体建设。这一重要论述，指明了法治社会建设在全面推进依法治国中的重要地位和作用，丰富和发展了马克思主义法治思想和社会治理理论。建设法治社会，要求我们善于运用法治思维和法治方式治理社会。我们要认真学习领会习近平同志重要讲话精神，准确把握中央对法治社会建设的部署要求，进一步加强和创新农村社会治理，不断提高农村社会治理法治化水平。

法律是治国之重器，法治是农村治理体系和治理能力的重要依托。这充分说明了法治对农村治理的极端重要性。农村治理是国家治理的重要组成部分，如何运用法治思维和法治方式化解农村社会矛盾、促进农村和谐稳定是对我们党执政能力和执政水平的重大考验。

当前，我国农村正处在改革攻坚期、社会转型期和矛盾凸显期叠加的特殊历史阶段，利益格局深刻调整，各种关系错综复杂，农民诉求日益多样，农村社会治理面临许多新情况新问题新挑战，农村土地征用、房屋拆迁、治安管理、廉政建设、农民纠纷及农村社会保障等方面问题不同程度存在，法治具有稳定性、连续性和权威性，对化解社会矛盾和维护社会稳定具有基础性、长远性作用。加强和创新农村社会治理，必须依靠法治来统筹农村社会力量、平衡农村社会利益、调节农村社会关系、规范农村社会行为，以此来推进农村社会治理法治化与现代化。

从目前来看，一方面，基层农村干部的法治化水平有了加强和提高，法律正日益成为基层农村干部判断是非、实施管理、行使权力的重要价值标准和行为规范。但另一方面，仍有极少数基层农村干部存在执法随意、以言代法、以权扰法、粗暴执法等行为，既侵蚀着司法公信力的根基，也损害党政部门形象，造成了不好的社会影响。所以，要实现法治化的目标和任务，首先就必须实现基层农村干部从人治观念向法治观念的转变，不断提高法律意识的底蕴，全面提升基层农村干部的法律素质，提高依法办事的能力和水平，维护法律的严肃性、权威性，严格执法。唯有如此，我国的农村法治化建设才能得到实施，我国农村的社会发展才能得以保障。

有鉴于此，作者策划、编撰了此书，为广大农村干部提供参考，以利于他们在日常工作中提高法治水平，增强法治观念，从而为社会主义新农村建设作出更大贡献。

本书定位于基层农村干部，内容简洁实用，阐述详细，形式新颖，可操作性强，丰富而全面，是基层农村干部提高执政能力的最佳读物，具有极强的可读性和实际应用价值。在选编原则上一是围绕基层农村干部的工作性质，突出其工作的重点；二是着眼于提高基层农村干部的法治意识，学用结合，同时遵循着通俗性、实用性、知识性、现代性和代表性等特点，内容精当，语言简练，条目清楚，使他们能够轻松掌握和运用这些法律知识。

总之，本书内容涉及既全面又系统，具有较高的学术价值与使用价值，对农村干部处理农村事务具有较好的借鉴性和参考性。

本书在编写的过程中，我们参考了大量的书刊、报纸、网站，为编写起到了借鉴和帮助作用，给本书增加了分量，作为编者，我们在此深表谢意。

目录

第1章　新农村建设与依法治理

第3章 基层党组织与民主建设

第4章 农村社会保障与管理

第8章 农林牧渔管理与规范

第1章 新农村建设与依法治理

1 社会主义新农村的概念是什么？

“建设社会主义新农村”自20世纪50年代以来，曾多次被提及。但在新的历史背景下，党的十六届五中全会提出的建设社会主义新农村具有更为深远的意义和更加全面的要求。新农村建设是在我国总体上进入以工促农、以城带乡的发展新阶段后面临的崭新课题，是时代发展和构建和谐社会的必然要求。当前我国全面建设小康社会的重点难点在农村，农业丰则基础强，农民富则国家盛，农村稳则社会安；没有农村的小康，就没有全社会的小康；没有农业的现代化，就没有国家的现代化。

2 为什么要建设社会主义新农村？

（1）建设新农村，是提高农业综合生产能力、建设现代农业的重要保障。目前，我国农业生产基础设施和物质技术装备条件较差，经营管理也较粗放。加快建设新农村，发展农业生产力，加强农田基本建设，改良土壤，兴修水利，推广良种良法，发展农业机械化，培养有文化、懂技术、会经营的新型农民，全面提高农业综合生产能力，既是现代农业建设题中应有之义，也是建设现代农业的重要基础和保障。

（2）建设新农村，是增加农民收入、繁荣农村经济的根本途径。当前和今后一个时期，增加农民收入，首先必须挖掘农业内部的潜力，提高农业综合效益，实现增产增效、提质增效和节本增效；必须发展以乡镇企业为主体的农村二、三产业，引导农村劳动力向城镇有序转移，拓宽农民的就业空间和增收渠道。

（3）建设新农村，是发展农村社会事业、构建和谐社会的主要内容。近年来，党中央、国务院高度重视发展农村社会事业，各级财政不断加大投入力度，农村教育文化卫生基础设施显著改善，但与全国平均水平相比、与城市相比仍有很大差距。构建和谐社会，必须首先建设和谐村镇。这就要求我们必须建设社会主义新农村，加快发展农村各项社会事业，全面改善农村教育、卫生、文化等设施条件，逐步改变目前城乡和农村经济社会发展“一条腿长、一条腿短”的问题。

（4）建设新农村，是缩小城乡差距、全面建设小康的重大举措。党的十六大提出了全面建设小康社会的宏伟目标。实现这个目标，重点和难点在农村。如果农村的经济没有大的发展，农民的生活水平没有大的提高，农村的面貌没有大的改变，整个国民经济和社会的发展就缺乏强有力的支撑，全面建设小康社会的目标就会落空。

3　建设社会主义新农村的指导思想是什么？

建设社会主义新农村，离不开邓小平理论和“三个代表”

这一系列重要的指导思想。我们要牢固树立和全面落实科学发展观和习近平新时代中国特色社会主义，坚持把解决好“三农”问题作为全党工作的重中之重，统筹城乡经济社会发展，实行工业反哺农业、城市支持农村和“多予少取放活”的方针。我们要坚持以经济建设为中心，协调推进农村社会主义经济建设、政治建设、文化建设、社会建设和党的建设，从而推动农村走上生产发展、生态良好、生活富裕的文明发展道路。这是广大农民的愿望，更是全社会的愿望。

4 社会主义新农村建设的基本思路和要求是什么？

建设社会主义新农村应本着下列的思路和要求：

第一，建设社会主义新农村，必须树立和落实科学发展观，把解决好“三农”问题作为全党工作的重中之重，坚持“多予、少取、放活”和“工业反哺农业、城市支持农村”的方针，努力改善农村的生产条件和农民的生活条件，尽快提高农民的生活质量，促使农村整体面貌出现较大改观，逐步把农村建设成为“生产发展、生活宽裕、乡风文明、村容整洁、管理民主”的社会主义新农村。

第二，积极推进城乡统筹发展。这是建设社会主义新农村的基本前提和基本保障。我们要从指导思想、发展战略、规划布局、政策制定、项目建设、工作摆布等各个方面，落实和实现城乡统筹发展。调整国民收入分配结构，财政支出、固定资产投资和信贷投放都要切实向“三农”倾斜，因此，建立以工促农、以城带乡的长效机制势在必行。

第三，推进现代农业建设。这是建设社会主义新农村的重要内容和物质基础。总的要求包括五方面：加快农业科技进步、加强农业设施建设、调整农业生产结构、转变农业增长方式、提高农业综合生产能力。

第四，全面深化农村改革。这是建设社会主义新农村的动力支撑。我们要坚持稳定并完善以家庭承包经营为基础、统分结合的双层经营体制，更明确土地承包经营权的法律性质，只有这样才能全面落实二轮土地承包政策，依法确权、确地到户，稳定土地承包关系。在这个基础上，再按照自愿、有偿的原则，建立土地使用权依法流转的机制，有条件的地方可以发展多种形式的适度规模经营。进一步巩固和发展农村税费改革成果，加快推进以乡镇机构为主的行政管理体制改革、农村义务教育体制改革和县乡财政体制改革，稳步推进乡村债务化解工作。我们还要推进农村金融体制整体改革，完善农村金融组织体系，积极发展农村政策性保险，改善农村金融服务，使农民贷款难、农业贷款难、农村贷款难的问题得到彻底解决，使其不再是困扰农村经济发展的障碍。深化粮食流通体制改革，继续建设农产品集贸市场，重点培育农产品批发市场，稳步发展农产品期货市场，鼓励采用现代流通方式，规范农业生产资料市场。要加快推进土地征用制度改革，健全对被征地农民的合理补偿机制，创造性地探索多种方法，采取各种灵活合理的形式，妥善解决被征地农民的就业、生活和社会保障等问题。要发展农村多种形式的联合与合作，着力培育农民自己的专业合作经济组织，提高农民进入市场的组织化程度，形成合力才能更好地捕捉机遇，应对危机。

第五，大力发展农村公共事业。建设社会主义新农村教育是重点，我们要把发展农村教育事业放在十分突出的位置，重点普及和巩固农村九年义务教育，切实落实好对农村贫困家庭学生实行“两免一补”的政策。要继续加强农村基础设施建设，加快乡村道路建设，继续完善农村电网，在巩固人畜饮水工程现有成果的基础上，进一步解决饮水安全问题，积极发展农村沼气及其他适合农村特点的清洁燃料和能源。要搞好农村环境卫生整治，从引导农民改水、改厕、改厨、改圈等方面入手，推行健康文明的生活方式，有条件的地方还可探索建立多种形式的农村社会保障制度。

第六,千方百计增加农民收入。这是社会主义新农村建设的基本出发点和归宿。增加农民收入，既要从“三农”本身考虑问题、寻找出路，更要跳出“三农”基本政策的局限性，从经济社会发展的全局思考问题，以更长远的眼光来研究对策。既要大力挖掘农业和农村内部的增收潜力，又要在农业和农村外部寻求增收途径；既要从当前出发采取尽快见效的具体增收措施，又要着眼于长远寻求解决农民增收问题的治本之策。

5 怎样转变农业增长方式？

（1）加快调整农产品品种品质结构，不断提高农产品优质化水平。紧紧围绕“高产、优质、高效、生态、安全”的目标和要求，优化农产品品种品质结构。一是从源头抓起，继续实施种子工程、畜禽水产良种工程，提高农业生产良种化水平。二是完善农业标准体系，建立农产品质量检验检测体系，全面开展农产品和食品质量认证，推行农业生产标准化。三是搞好动物疫病防治，加强畜禽粪便污染的治理和无害化利用，推广畜禽养殖清洁生产工艺，提高畜禽产品质量。

（2）加快建设优势农产品产业带，不断提高农业生产布局区域化水平。立足自然资源优势和现有生产基础，因地制宜，适应市场，依靠科技，尽快做大做强一批农产品优势产区。品种上要突出区域特色、品质特色、功能特色，满足市场多样化和优质化的需求。布局上要尽快向最适宜区域集中，避免地区间结构雷同，最大限度地优化配置资源，充分挖掘资源潜力，形成新的生产能力，不断提高优势农产品的档次和水平。经营上要注重完善营销体系，培育龙头企业，延长产业链条，建立特色产业体系。

（3）加快发展资源节约型农业，不断提高农业经营集约化水平。一是节约和集约利用土地。二是加快发展旱作节水农业。三是努力提高农业投入品利用效率。四是重点研发高强度、可降解地膜，以及高光合作用生态棚膜，推进农膜向高功能、低成本、无污染方向发展。五是开展农作物秸秆综合利用，推广机械化秸秆还田技术以及秸秆气化、固化成型、发电、养畜技术。

（4）加快完善企业与农民的利益联结机制，不断提高农业产业化经营水平。农业产业化经营是农业经营制度的创新，既能有效地解决分散农户与国内外市场的连接问题，又有利于农业生产、加工、销售有机结合，形成完整的产业体系，体现了农业先进生产力的发展要求，符合现代农业发展的客观规律，具有广泛的适应性和强大的生命力。提高经营水平应做好以下方面工作：一是加大对龙头企业的扶持力度。二是努力提高农民的组织化程度。三是健全企业和农民的利益联结机制，引导龙头企业与农户采取订单农业、向农户提供各种服务、最低保证价收购等形式，与农户形成相对稳定的购销关系。

6 怎样才能实现乡风文明?

实现乡风文明，必须倡导健康文明新风尚。大力弘扬以爱国主义为核心的民族精神和以改革创新为核心的时代精神，激发农民群众发扬艰苦奋斗、自力更生的传统美德，为建设社会主义新农村提供强大的精神动力和思想保证。加强思想政治工作，深入开展农村形势和政策教育，认真实施公民道德建设工程，积极推动群众性精神文明创建活动，开展和谐家庭、和谐村组、和谐村镇创建活动。引导农民崇尚科学，抵制迷信，移风易俗，破除陋习，树立先进的思想观念和良好的道德风尚，提倡科学健康的生活方式，在农村形成文明向上的社会风貌。

7 怎样才能实现村容整洁?

实现村容整洁，必须着力解决农民最急需的生活基础设施建设，改善农村生活环境和村容村貌。

一要加大农村饮水安全工程建设力度。优先解决高氟、高砷、苦咸、污染水及血吸虫病区的饮水安全问题。

二要加大农村能源建设力度。积极推广沼气、秸秆气化等清洁能源，大幅增加农村沼气建设投资规模，加快普及户用沼气，带动农村改圈、改厕、改厨。扩大小水电代燃料工程试点规模。

三要加大农村公路和电网建设力度，尽早实现全国所有乡镇通柏油路。

四要加强村庄规划和人居环境治理。加强宅基地规划和管理，引导和帮助农民切实解决住宅与畜禽圈舍混杂问题，搞好农村污水、垃圾治理，改善农村环境卫生。

8 怎样才能实现管理民主？

实现管理民主，必须切实维护好农民的民主权利。健全村党组织领导的充满活力的村民自治机制，坚持和完善民主选举、民主决策、民主管理和民主监督，让农民群众真正享有知情权、参与权、选择权和监督权；完善村民“一事一议”制度，健全农民自主筹资筹劳的机制和办法，引导农民自主开展农村公益性设施建设；开展村务公开民主管理示范活动，推动农村基层志愿服务活动；加强农村法制建设，深入开展农村普法教育，增强农民的法制观念，提高农民依法行使权利和履行义务的自觉性；妥善处理农村社会各种社会矛盾，加强农村社会治安综合治理，打击“黄赌毒”，创造农村安全祥和、农民安居乐业的社会环境。

9 社会主义新农村建设，五个“处理好”指的是什么？

（1）处理好发展农村生产力和促进农民增收的关系，推动农村产业全面协调发展，加大对农民增收的支持力度。（2）处理好推动经济发展和促进社会进步的关系，坚持以经济建设为中心，加快农村教育、科技、文化、卫生等社会事业的发展。（3）处理好加大外部支持和挖掘农村内部潜力的关系，不断增加对农业和农村发展的投入，激发农民自主创业的潜能。（4）处理好调动干部积极性和调动群众积极性的关系，引导农村基层干部增强本领、埋头苦干，有效发挥农民群众的主体作用。（5）处理好抓紧当前工作和着眼长远发展的关系，办好农民群众最关心、要求最迫切、最容易见效的事情，解决好农业和农村长远发展中的根本性问题，不断开创建设社会主义新农村的新局面。

10 当前推进社会主义新农村建设有哪些有利条件和困难？

从我国改革发展的实践来看，推进社会主义新农村建设已具备很多有利条件和机遇，这主要表现在以下几个方面：

首先，国家的经济实力和综合国力显著增强。经过改革开放40年的发展，我国的工业和城市发展水平大幅提升，财政收入快速增长，完全有条件通过调整国民收入分配格局，实行以工促农、以城带乡，进一步加大对农业农村经济发展的支持力度。

其次，中央的支农惠农力度逐步加大。2015年，农业农村工作要全面贯彻落实党的十八大和十九大精神，以邓小平理论、“三个代表”重要思想、科学发展观、习近平新时代中国特色社会主义为指导，主动适应经济发展新常态，按照稳粮增收、提质增效、创新驱动的总要求，继续全面深化农村改革，全面推进农村法治建设，推动新型工业化、信息化、城镇化和农业现代化同步发展，努力在提高粮食生产能力上挖掘新潜力，在优化农业结构上开辟新途径，在转变农业发展方式上寻求新突破，在促进农民增收惠农上获得新成效，在建设新农村上迈出新步伐，为经济社会持续健康发展提供有力支撑。

最后，农村建设已经有了一定基础。近年来，国家加大了对农村公共事业的支持力度，农村教育、卫生、文化等社会事业发展加快，道路、饮水、电网、通信等基础设施开始改善，生态建设和环境保护得到加强。这些都为推进新农村建设奠定了基础。

但同时，我们也要看到，农业农村发展仍处在艰难的爬坡阶段，面临着不少矛盾和问题，这主要表现在：

第一，农业资源短缺和生态环境脆弱之间的矛盾突出。我国人均自然资源较少，而且在相当长的一段时期内耕地缩减、淡水短缺、人口增加的矛盾依然无法解决，一些地区生态环境恶化还在继续，持续提高农业产出水平，确保粮食安全和生态安全的任务十分艰巨。

第二，农业生产力总体水平不高的矛盾突出。我国农业的现代化水平低，物质技术装备差，农民在很大程度上仍在靠天吃饭。不改变这种局面，就很难持久保证人口增长和生活水平提高对农产品优质、安全、多样化需求的供给。

第三，农村公共服务滞后的矛盾突出。目前农村社会发展与城市差距很大，上学难、看病难、社会保障水平低、公共设施薄弱等问题突出，这些都严重制约农民生活质量的提高和农村社会的全面进步。

第四，农民收入水平低和增收难的矛盾突出。新中国成立以来，我国始终存在着很大的城乡差别，农村改革后，尽管有了较快发展，但城乡居民收入差距扩大的趋势并没有根本改变，农民收入增长缓慢成为全面建设小康社会最重要的难题。

第五，农业农村发展的体制性障碍矛盾突出。重城市、轻农村，城乡区别发展形成的二元结构还未根本破除，各种生产要素在城乡之间合理分配的机制也没有完全建立，改革攻坚的任务依然十分艰巨。

11 为什么说建设社会主义新农村是实现全面建设小康社会奋斗目标的必然要求？

建设社会主义新农村，是全面建设小康社会的重点和关键。建设社会主义新农村的意义何在呢？

党的十八届五中全会通过的《中共中央关于制定国民经济和社会发展第十三个五年规划的建议》，确定了“十三五”时期我国经济社会发展的指导思想、目标任务和重大举措。这是未来五年我国发展的宏伟蓝图，也是指导经济社会工作的纲领性文件。“十三五”时期是全面建成小康社会决胜阶段，我们要全面把握新的目标要求，坚持创新发展、协调发展、绿色发展、开放发展、共享发展，统筹做好各项工作，确保如期全面建成小康社会，为实现第二个百年奋斗目标、实现中华民族伟大复兴的中国梦奠定更加坚实的基础。

全面建设小康社会目标的提出为中华民族展现了新的历史机遇。中国革命和建设的实践表明，什么时候抓住了机遇，我们的事业就会顺利发展；什么时候丧失了机遇，我们的事业就会发展缓慢，甚至停滞不前。机遇稍纵即逝，我们能否紧紧抓住它，加快发展的步伐，关系到国家和民族的前途命运，关系到社会主义成败。在看到成绩的同时，我们还要清醒地认识到，现在的中国还只是总体上达到小康，由于我国地域辽阔，发展很不平衡，中西部欠发达地区特别是贫困地区同东部沿海发达地区的发展差距还很大。我国目前达到的小康，还是处于低水平的、不全面的、发展很不平衡的小康。

我国实现全面建设小康社会的目标关键在农村。在我国有很多发达城市的人民已经达到了小康生活水平，但农村地区绝大多数群众还只是解决了温饱问题，发展较好地区的成绩固然可喜，但困难地区的任务依然艰巨。因此，我国经济社会发展的主要任务就是全面建设小康社会。完成这一伟大的历史性任务，重点和难点都在农村。没有农民的小康，就不可能有全国人民的小康，没有农业的现代化就没有国家的现代化。解决“三农”问题对于全面建设小康社会的重要性可见一斑。

12　为什么说建设社会主义新农村是一项长期的历史任务？

建设社会主义新农村是一项长期的历史任务，我们不能停步，不能松懈，实现全面建设小康社会的目标，是到21世纪中叶我国基本实现现代化。建设社会主义新农村需要经过几十

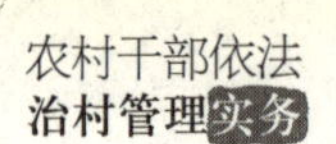

年的艰苦努力，从更长远的时间看，即使将来基本实现现代化了，“三农”问题依然是关系我国发展全局的重大问题。作为整个社会发展的一个组成部分，我们一定要树立长期作战的思想，坚持不懈地做好“三农”工作，这是毋庸置疑的。

建设社会主义新农村是我国现代化进程中的重大历史任务。全面建设小康社会，重点和难点在农村，最艰巨、最繁重的任务也在农村。加速推进现代化，必须妥善处理工农城乡关系这根敏感的神经所引发的问题。构建社会主义和谐社会，必须促进农村经济社会全面进步。忽视这些势必会催生新的社会矛盾。农村人口众多是我国的国情，农村的贫困落后不发达也是我国的国情，只有发展好农村经济，建设好农民的家园，让农民过上宽裕的生活，才能保障全体人民共享经济社会发展成果，才能不断扩大内需和促进国民经济持续发展。当前，我国总体上已进入以工促农、以城带乡的发展阶段，初步具备了加大力度扶持“三农”的能力和条件。“十三五”时期，我们必须抓住发展机遇，加快改变农村经济社会发展滞后的局面，扎实规划、全力推进社会主义新农村建设。

我国目前仍处于并将长期处于社会主义初级阶段，人民日益增长的美好生活需要和不平衡不充分的发展之间的矛盾是我国社会的主要矛盾。我国生产力和科技教育水平还比较落后，工业化的任务还没有完成，在这种情况下，要实现现代化还有很长的路要走；城乡二元经济结构还没有改变，地区差距扩大的趋势尚未扭转，贫困人口还为数不少，人口总量继续增加，老龄人口比重上升，就业和社会保障压力增大，这些都会给经济发展和社会发展带来不同程度的影响和压力，所以说，“三农”问题始终是关系党和人民事业发展的全局性和根本性问题。我们要充分认识建设社会主义新农村的重要性、紧迫性、艰巨性、复杂性和长期性。

推进新农村建设是一项长期而繁重的历史任务。现在，我国已经进入全面建设小康社会的新阶段，经济社会面貌发生了很大改变，但农业作为国民经济基础的地位始终没有改变，也不能改变。我们越是改革开放，越是发展市场经济，越是加快工业化、城镇化进程，越要巩固和加强农业基础地位。随着改革的不断深入和开放的不断扩大，农业和农村发展面临的一些深层次矛盾将更加充分地暴露出来，面临的困难也将更加突出。因而，化解这些矛盾困难的法宝就是加强“三农”的决心不能动摇，扶持“三农”的力度不能减弱，强化“三农”的工作不能松懈。坚持不懈地搞好“三农”工作无疑是一项重要任务。总之，我们既要树立长期奋斗的思想，又要有现实的紧迫感，坚持不懈、扎实推进社会主义新农村建设。

13　如何理解建设社会主义新农村的目标和内涵?

建设社会主义新农村，具有深刻的科学内涵、鲜明的时代特征。党的十六届五中全会通过的《中共中央关于制定国民经济和社会发展第十一个五年规划的建议》指出，要按照生产发展、生活宽裕、乡风文明、村容整洁、管理民主的要求，坚持从各地实际出发，尊重农民意愿，扎实稳步推进新农村建设。这里的“生产发展、生活宽裕、乡风文明、村容整洁、管理民主”20个字，从各个角度阐明了建设社会主义新农村的目标和任务，概括了社会主义新农村的基本内涵、展现了具有时代特点的新型农村形态。

生产发展，是指以科学发展观统领农业和农村经济发展全局，促进农业和农村经济健康发展，城乡经济社会协调发展，从而为增强农业、繁荣农村、富裕农民打下坚实的物质基础。生产发展，就是要筑牢社会主义新农村建设的物质基础，生产发展既要追求较快的增长速度，又要注重增长的质量和效益，一个都不能少。为此，要大力推进现代农业建设，加快农业科技进步，加强农业设施建设，调整农业生产结构，转变农业增长方式，进而提高农业综合生产能力。

生活宽裕，是指采取有效措施，千方百计增加农民收入，不断提高广大农民生活水平，使广大农民切实享受到经济发展的成果。促进农民持续增收，是全面建设农村小康社会的着力点，也是一个衡量社会发展与进步不可或缺的指标。

乡风文明，是指大力发展农村社会主义文化建设，切实加强农村社会主义精神文明建设，在农村营造文明、科学、健康的生活风尚，借助良好的氛围，培养出高素质的、能够担当起推进社会主义新农村建设任务的新型农民。

村容整洁，是指建设环境优美、生态和谐、人与自然和谐相处的社会主义新农村的新风貌，村舍整洁卫生，布局科学合理，农民享有安居乐业的好环境、好条件。村容整洁的实质，就是要改善农村群众脏乱差的居住环境，使农村的发展得到合理规划，井然有序焕然一新。

管理民主，是指进一步健全农村各项民主制度，丰富民主形式，扩大基层民主，完善村民自治，健全村党组织领导的充满活力的村民自治机制，不断促进农村各项决策的科学化、民主化、程序化、制度化，从而实现好、维护好、发展好农民的各项利益，使农民享受更多、更充分的民主权利。

“生产发展、生活宽裕、乡风文明、村容整洁、管理民主”这20个字，是一个有机的整体，体现了经济建设、政治建设、文化建设、社会建设四位一体的发展布局，是我们党领导社会主义现代化建设进程中的一项重大历史任务。

14 社会主义新农村新在什么地方？

第一，社会主义新农村建设具有新的时代背景。新农村建设是在我国总体上进入以工促农、以城带乡的发展新阶段后提出的课题。随着非农产业的蓬勃发展，目前，我国国民经济的主导产业已由农业转变为非农产业，经济增长的动力主要来自非农产业。根据国际经验，我国现在已经到了工业反哺农业的阶段。工业反哺农业的政策重点，不是直接对农民进行收入补贴或对农产品价格进行补贴，而是指从用农业积累支持工业转向加强对农业的扶持和保护，加大公共财政的支农力度，让公共服务更多地深入农村、惠及农民，让公共财政更多地覆盖农村。

第二，社会主义新农村建设具有更为全面的发展目标。新农村建设是一项庞大的系统工程，涵盖了经济建设、政治建设、文化建设、社会建设和党的建设，需要各个方面相互协调发展，齐头并进。推进新农村建设的总体目标应该是使农村的整体面貌大为改观，城乡之间的差距明显缩小。

第三，社会主义新农村建设提出了更为完整的思路。在指导思想上，我们要明确一个基本认识，即新农村建设的中心任务是发展农村生产力，不能把新农村建设简单片面地理解为新村庄建设；必须要坚持统筹城乡发展这个根本指导方针，在符合农民意愿、能够带给农民实惠、得到农民拥护的基础上扎实稳步地推进。

第四，社会主义新农村建设勾画了新形势下农村建设的美好蓝图。十六届五中全会对新农村建设提出了“生产发展、生活宽裕、乡风文明、村容整洁、管理民主”的要求。这20个字是宏观上的要求，为我们描绘了新农村建设的前景，是何等的激励人心、催人奋进。社会主义新农村的“新”，还体现在新设施、新环境、新房舍、新公共服务、新社会保障和新精神风貌等一些具体的领域和方面。

第五，社会主义新农村建设具有科学的实施方法和步骤。党中央、国务院制定了关于推进社会主义新农村建设的若干意见，提出了一系列指导方针和基本原则，并对如何落实各项工作提出了具体而明确的要求。我们要认真贯彻落实党中央、国务院的精神，依据这些明确详尽的指导思想，狠抓工作落实，努力使“三农”工作迈上一个新的台阶。

15 新农村建设“三戒”指的是什么？

一戒急于求成。要充分认识到新农村建设是一项长期的任务，不可一蹴而就。建设社会主义新农村，这是党中央以科学发展观为指导，根据我国总体上进入“以工促农、以城带乡”

发展阶段后的形势要求以及现代化建设远景目标所提出的一项长期的历史任务。胡锦涛同志在省部级主要领导干部建设社会主义新农村专题研讨班开班式的讲话中强调，从21世纪头20年实现全面建设小康社会的目标，到21世纪中叶我国基本实现现代化，建设社会主义新农村需要经过几十年的艰苦努力。这就阐明了建设社会主义新农村的长期性和艰巨性。

二戒简单化。要全面认识新农村建设的内容，不能断章取义。中央提出的“五句话、二十个字”的社会主义新农村建设的内容，体现了物质文明建设、政治文明建设、精神文明建设和和谐社会建设以及党的建设的全面要求，渗透着“以人为本”、把实现农民群众的利益、增进农民群众的福祉当作根本出发点的精神。新农村建设的各项内容中，生产发展是中心，是实现其他要求的物质基础；生活宽裕是基本尺度；乡风文明和村容整洁体现了精神文明和人居环境的双重要求；管理民主则显示了对农民群众政治权利的尊重。新农村建设作为一个系统工程，它的各项内容紧密相连，环环相扣，缺一不可，我们要完整地予以把握。如果对新农村建设的内容理解不全面，简单化，就很容易把新农村建设简化为村容村貌建设。但我们要强调的是不能单打一，应当把新农村建设理解为以经济建设为中心的全面的农村建设，其中包含着丰富的内容。

三戒政府包办代替。要充分尊重农民的主体地位。在市场经济条件下，农民是农村经济活动的主体，具有相应的主观能动性，而政府则主要起引导和扶持的作用。随着我国在总体上进入“以工促农、以城带乡”的发展阶段，中央提出实行工业反哺农业、城市支持农村的方针，坚持“多予少取放活”，政府不断增加投入的力度，扩大公共财政覆盖农村的范围。这样做，是要强化政府在新农村建设中的责任，使政府扶持同发挥农民的主体作用更好地相互结合，而不是包办代替，否定农民的主体地位，剥夺农民的自主权。

16 怎样强化社会主义新农村建设的产业支撑？

强化社会主义新农村建设的产业支撑，总的来说包括六方面内容：

第一，大力提高农业科技创新和转化能力。广大农村要加快建设国家创新基地和区域性农业科研中心，这就需要在机构设置、人员聘任和投资建设等方面实行新的运行机制。要鼓励企业建立农业科技研发中心，加强农业高新技术研究，尽快取得一批具有自主知识产权的重大农业科技成果。把农业科研投入放在公共财政支持的优先位置，提高农业科技在国家科技投入中的比重。

第二，加强农村现代流通体系建设。完善全国鲜活农产品“绿色通道”网络，实现省际互通，为农产品的销售打开四通八达的道路。

第三，稳定发展粮食生产。确保国家粮食安全是保持国民经济平稳较快增长和社会稳定的重要基础。以优厚的政策促进粮食生产，坚持立足国内实现粮食基本自给的方针，适度利用国际市场，积极保持供求平衡。

第四，积极推进农业结构调整。按照高产、优质、高效、生态、安全的要求，调整优化农业结构，提高农民收入。

第五，发展农业产业化经营。推广龙头企业、合作组织与农户有机结合的组织形式。各级财政要加大扶持农业产业化发展的力度，增加资金投入，支持龙头企业发展，并可通过龙头企业资助农户参加农业保险。发展大宗农产品期货市场和“订单农业”。

第六，加快发展循环农业。要大力开发节约资源和保护环境的农业技术，重点推广废弃物综合利用技术、相关产业链接技术和可再生能源开发利用技术。

17 怎样夯实社会主义新农村建设的经济基础？

夯实社会主义新农村建设的经济基础，一味地片面地追求经济效益是不够的，这是一项综合性的、系统性的工程，我们应该从下面四个步骤加以认识：

一要拓宽农民增收渠道。要充分挖掘农业内部的增收潜力；要加快转移农村劳动力；要鼓励和支持符合产业政策的乡镇企业发展，特别是劳动密集型企业和服务业；要着力发展县城和在建制的重点镇；要着眼兴县富民，着力培育产业支撑，大力发展民营经济。

二要保障务工农民的合法权益。进一步清理和取消各种不利于务工农民流动的不合理限制，清理和取消各种对务工农民进城就业的歧视性规定，建立健全城乡就业公共服务网络。严格执行最低工资制度，建立工资保障金等制度。完善劳动合同制度。逐步建立务工农民社会保障制度。认真解决务工农民的子女上学问题。

三要稳定、完善、强化对农业和农民的直接补贴政策。要尽快建立起完善的国家对农业和农民的支持保护体系。对农民实行的“三减免、三补贴”和退耕还林补贴等政策，要继续稳定、完善和强化。2006年，粮食主产区要将种粮直接补贴的资金规模提高到粮食风险基金的50%以上。增加良种补贴和农机具购置补贴。

四要加强扶贫开发工作。要因地制宜地实行整村推进的扶贫开发方式，加大力度改善贫困地区的生产生活条件，抓好贫困地区劳动力的转移培训，扶持龙头企业带动贫困地区调整结构，想尽一切办法拓宽贫困农户增收渠道，改善生活面貌。

18 怎样改善社会主义新农村建设的物质条件？

众所周知，农村贫困落后，物质条件较差，在社会主义新农村建设中，物质条件的改善必然要涉及方方面面：

一要大力加强农田水利建设。要加快发展节水灌溉。加大大型排涝泵站技术改造力度，与此相配套的是建设田间工程。

二要大力提高耕地质量。农村要大规模实施新一轮沃土工程，指导农民科学施用化肥，引导增施有机肥，全面提升地力。

三要大力加强生态建设。要按照建设环境友好型社会的要求，切实搞好退耕还林、天然林保护等重点生态工程，稳定完善政策，培育后续产业，巩固生态建设成果，创建生态村庄，绿色村庄。

四要加快乡村基础设施建设。要着力加强农民最急需的生活基础设施建设，逐步把农村公路等公益性基础设施的管护纳入国家支持范围。

五要加强村庄规划和人居环境治理。加强宅基地规划和管理，大力节约村庄建设用地，向农民免费提供经济安全适用、节地节能节材的住宅设计图样。引导和帮助农民切实解决住宅与畜禽圈舍混杂问题，搞好农村污水、垃圾治理，改善农村环境卫生。村庄治理要突出乡村特色、地方特色和民族特色，保护有历史文化价值的古村落和古民宅。营造宜居环境。

19 怎样健全社会主义新农村建设的体制保障？

健全社会主义新农村建设的体制保障，概括地说，国家主要采取了三个方面的措施：

首先，进一步深化以农村税费改革为主要内容的农村综合改革。为进一步减轻农民负担，规范农村收费行为，中央明确提出了对现行农村税费制度进行改革，从2001年开始，逐步在部分省市进行试点、推广。税费制度改革的主要内容可以概括为："三取消、两调整、一改革。""三取消"，是指取消乡统筹和农村教育集资等专门向农民征收的行政事业性收费和政府性基金、集资；取消屠宰税；取消统一规定的劳动积累工和义务工。"两调整"，是指调整现行农业税政策和调整农业特产税政策。"一改革"，是指改革现行村提留征收使用办法。

其次，加快推进农村金融改革。县域内各金融机构在保证资金安全的前提下，将一定比例的新增存款投放当地，支持农业，为农村经济发展注入了生机和活力。扩大邮政储蓄资金的自主运用范围，引导邮政储蓄资金返还农村。调整农业发展银行职能定位，拓宽业务范围和资金来源。国家开发银行要支持农村基础设施建设和农业资源开发。继续发挥农业银行支持农业，支持农村经济发展的作用。在保证资金充足、严格金融监管和建立合理有效的退出机制前提下，鼓励在县域内设立多种所有制的社区金融机构，允许私有资本、外资等参股。大力培育由自然人、企业法人或社团法人发起的小额贷款组织。引导农户发展资金互助组织。规范民间借贷。稳步推进农业政策性保险试点工作。

最后，统筹推进农村其他改革。稳定和完善以家庭承包经营为基础、统分结合的双层经营体制，健全在依法、自愿、有偿基础上的土地承包经营权流转机制，有条件的地方可以发展多种形式的适度规模经营，用各种自由灵活的方式调动农民的生产积极性。完善粮食流通体制，建立产销区稳定的购销关系。加快征地制度改革步伐，完善对被征地农民的合理补偿机制。推进小型农田水利设施产权制度改革。

20 当前和今后一个时期建设社会主义新农村，要注意抓好哪些工作？

当前和今后一个时期建设社会主义新农村，主要应注意抓好以下工作：

第一，全面加强农村生产力建设，针对制约农村生产力发展的突出问题，抓住关键环节，采取综合措施，加强粮食综合生产能力建设，加快农业科技进步，加强农村基础设施建设，加快转变农业增长方式。

第二，要坚持把促进农民增收作为农业和农村工作的中心任务，挖掘农业内部增收潜力，为农村剩余劳动力转移就业开辟广阔的途径，形成农民增收的长效机制。

第三，要扩大农村基层民主，搞好村民自治，健全村务公开制度，开展普法教育，确保广大农民群众依法行使当家作主的权利，促进农村的安定和谐。

第四，要加强精神文明建设，加快发展农村教育文化事业，倡导健康文明的新风尚，培育造就新型农民，全面提高农民素质。

第五，要坚持以解决好农民群众最关心、最直接、最现实的利益问题为着力点，促进农村和谐社会建设，关心农村困难群众生活，发展农村卫生事业，加强农村社会建设和管理。

第六，要坚持社会主义市场经济的改革方向，稳定和完善农村基本经营体制，统筹推进农村各项改革，充分尊重广大农民群众的首创精神，全面增强农业和农村发展的活力。

21　村干部应朝哪些方面加快农村经济发展？

带动农民发展经济是村干部工作中的一项重要任务，那么，他们应该从哪些方面入手，去发挥自己的作用呢？

第一，村干部要落实好党在农村的各项政策。认真落实党在农村的基本政策，维护政策的长期稳定，不断完善以家庭承包经营为基础、统分结合的双层经营体制，依法保障农民对土地承包经营的各项权利，坚决纠正侵犯农民土地的行为。按照

《中华人民共和国农村土地承包法》(以下简称《农村土地承包法》)和有关规定，认真扎实地做好土地延包工作，引导规范土地承包经营权合理流动，稳定农村土地承包关系，切实减轻农民负担。

第二，村干部要继续抓好农业结构调整。这是提高农业效益、增加农民收入的重要途径。农业结构调整具有广泛性、深刻性，是一个动态变化的过程。农业结构调整切忌盲目性，要以市场为导向，以效益为中心，逐步加大调整的力度。结构调整比较好的地方，要进一步向高、强、优方向继续努力。在结构调整中要大力发展特色农业，开发优质专用农产品，进一步提高林牧渔业比重，提高产出效益。

第三，村干部要协助农民大力发展二、三产业。特别是要针对当地特点，发展农产品加工业和服务行业。积极稳妥地做好招商引资工作，让更多的农民通过二、三产业增收致富，使剩余劳动力有业可就，改善生活。

第四，要不断提高农村的农业产业化水平。积极推行农业标准化生产，大力发展绿色食品、有机食品和无公害食品。大力扶持和发展龙头企业，带动当地经济发展，搞好农产品深加工，让更多的农民从产业化经营中受益。

第五，村干部要引导农民走科技兴农之路。一方面，村干部要带头学科技、用科技，针对本村实际，读一些种植业、养殖业、加工业方面的书，及时了解致富信息和市场经济方面的知识，争当科技知识的明白人、科技致富的带头人，发挥好示范带动作用。另一方面，还要积极建立健全农业科技示范、推广和服务体系，加强对农民群众实用技术的培训，大力发展农村新型经济合作组织，为农民群众致富架好“科技金桥”。

第六，村干部要千方百计增加村集体经营性收入。村干部要帮助农民出谋划策，因地制宜，在法律政策允许的范围内采取多种形式，发展壮大集体经济实力，为服务群众奠定物质基础。

22 当前村民关心的突出问题有哪些？

当前村民最关心的问题主要表现在以下这些方面：

第一，村民最关心的是党中央关于农村的政策能否落实到位。如中央关于发展农村经济、调整产业结构、增加农民收入、农村税费改革、减轻农民负担、土地征用、房屋拆迁、失地农民补偿、劳动力转移、社会医疗和劳动保障、弱势群体救助等各项支农惠农的政策措施，能否不折不扣地落到实处。特别是减轻农民负担、免征农业税、土地征用、种粮补贴等政策能否及时足额到位，使广大农民群众真正得到实惠和利益。

第二，村民们最急的是致富，最缺的是技术，最盼的是信息和销售等服务。当前，如何把千家万户的农民带入千变万化的市场，这是一大难题。农民群众反映，他们最担心的事情是农产品价格下跌、辛辛苦苦收获的农产品卖不出去，最希望及时掌握科技信息，最盼望上级或村级组织服务到农户，帮助解决一家一户办不了、办不好的事情。

第三，村民们最想了解的是村务和财务。村务公开、民主管理工作做得好与不好，直接影响到党在农村政策的贯彻落实，同时还会影响干群关系。

第四，村民们最难的是看病贵、看病难，子女上学贵、上学难。现在，农民群众都希望自己的子女从小能够受到良好的教育，得病后能得到及时的救治。但是部分农民群众特别是一些贫困家庭，孩子上不起学，大人看不起病的情况仍然存在。一些群众丰年会略有节余，一旦遇上天灾人祸，就要负债，多年翻不过身来；一些农民小病拖成大病，病到不行了最后才去医院，因病致贫、大病返困的现象时有发生，这就造成了恶性循环，生存越发艰难。

第五，村民们最怨的是村干部作风不实，甚至态度蛮横粗暴。有的村干部没有长期观念，在其位不谋其政，不主动考虑村里的事情，能拖则拖，能躲则躲；有的工作上习惯于靠老经验办事，缺乏创造性；有的做群众工作没耐心、耍态度，动不动就对群众指手画脚、指责训斥，甚至独断专横，简单粗暴，伤害了农民群众的感情。

第六，村民们最需要的是带领他们致富的村干部。实践证明，由于农户个体劳动力、经营能力、技术水平、经济条件等诸多方面的差异，在农村真正能够靠自身力量致富，独自闯出一片天地的毕竟是少数。势单力薄的农民群众最希望有思想、有领导能力、能带领村民致富的人担任村干部，带领他们走上致富路，全力奔小康。

23 为什么必须坚持把解决好“三农”问题作为全党工作的重中之重？

首先，进一步解决好“三农”问题，加快农业和农村经济的发展，是全面建设小康社会的必然要求。回顾半个多世纪以来我们党带领人民进行革命、建设和改革的历程，可以清楚地看到，正确认识和处理农民问题，始终是决定党的事业胜利和发展的一个根本问题。新中国成立以来，农业、农村和农民为我国经济的发展和工业体系的形成作出了巨大贡献。进入新时期以后，因为种种原因，农业、农村和农民的发展相对滞后，因此，我国的改革首先是从农村开始的。

其次，进一步解决好“三农”问题，加快农业和农村经济的发展，是保持国民经济持续快速健康发展的必然要求。民以食为天，农业是安天下的战略产业。无论经济发展到什么水平，无论农业在国民经济中的比重下降到什么程度，农业的基础地位都不会变。

我们明确提出，扩大内需是我国经济发展长期的、基本的立足点。而扩大内需的最大潜力在农村，因为农村人口最多，市场潜力最大。现在我们遇到的消费需求不足、许多产品供大于求的问题，有结构不合理的因素，这一点不可否认，但更主要的原因还在于农民的收入和消费增长严重滞后于其他群体，农民有消费需求但囊中羞涩，农村蕴藏的巨大消费需求无法转化为现实购买力。坚持扩大内需的方针，就要把扩大投资需求和扩大消费需求紧密结合起来，大力发展农业和农村经济，将输血和造血相结合千方百计地增加农民收入，从而提高农村消费在整个消费中的比重。解决好这个问题，对保持国民经济持续快速健康发展具有十分重大的意义。

最后，进一步解决好“三农”问题，加快农业和农村经济的发展，是确保国家长治久安的必然要求。对于我们这样一个农村人口占大多数的国家来说，保持农村稳定是保持全国稳定的重要基础，基础不坚实牢固就难以筑起参天的社会主义大厦。

总之，我们必须从全面建设小康社会、开创中国特色社会主义事业新局面的新高度，深刻认识“三农”问题的重要性和紧迫性，下更大的气力做好建设社会主义新农村的各项工作。

24 如何理解我国“三农”工作进入了新阶段？

与世界其他国家特别是发达国家相比，我国在“三农”方面还有很大差距，农业薄弱、农村落后、农民贫穷是眼下中国最大的难题之一。但是，回望过去，与改革开放之前相比，在党和政府的正确指导和全国人民的积极努力下，我国农业、农村和农民的发展成就是巨大的，我国“三农”工作从总体上看已进入了一个新的发展阶段。具体表现在以下几个方面：

第一，我国13亿人口的温饱问题已经基本解决。党的十一届三中全会以来，我国在人口不断增长的情况下，仅用了20多年的时间，就基本上解决了13亿人口的吃饭问题。从而使吃饭这样一个几千年的古代中国没有解决，100多年的近代中国同样没有解决，改革开放前30年的中国依然无力解决的难题得到了基本解决。由此推动我国社会总体上进入小康阶段，这是中华民族发展史上一个璀璨夺目的新的里程碑。

第二，农村劳动力就业格局进一步优化。随着我国市场经济体制的建立和不断完善，农业和农村经济结构调整不断深化，农业工业化和农村城镇化进程不断加速，这就使农村劳动力的就业格局发生了根本性变化，大量新事物、新思想的不断涌入，又使农民在就业观念上不断更新，在经营活动的独立性、选择性和多样性方面日益增强。现如今，农民们由农业向非农产业转移、由农村劳动力向城镇劳动力转移、由农民向市民转移已成为极普遍的现象。

第三，农民收入增长渠道需要进一步拓宽。当前，农业仍然是农民收入增长的重要基础，但不是唯一的来源，甚至不是主要来源。农民收入增长的渠道日益多元化和多样化了。农民收入增长的渠道已经由过去的单纯以农业为主转向农业收入和非农收入并举的态势。即使在农业收入中也发生了不小的变化，已经由以种植业为主悄然向种植业和养殖业并举转化，实现增收的手段更是从原来的单纯靠增加产量、提高价格向增产、提质和增效并举转化。

第四，农村对城市以及整个国民经济的依赖性提高。随着市场经济的发展，特别是随着近年来我国统筹城乡经济、实现城乡经济社会一体化发展政策的实施，工农之间、城乡之间的相互联系、相互依赖、相互促进显得更为突出了。城市的发展离不开农村，而农村的发展照样离不开城市，唇齿相依不能分割。习近平强调，当前，我国经济实力和综合国力显著增强，具备了支撑城乡发展一体化物质技术条件，到了工业反哺农业、城市支持农村的发展阶段。顺应我国发展的新特征新要求，必须加强发挥制度优势，加强体制机制建设，把工业反哺农业、城市支持农村作为一项长期坚持的方针，坚持和完善实践证明行之有效的强农惠农富农政策，动员社会各方面力量加大对“三农”的支持力度，努力形成城乡发展一体化新格局。

第五，我国农业与世界的关联程度更高。在世界经济全球化进程日益加剧的历史条件下，农业的全球化和国际化也必然成为各国农业发展的基本趋势，中国当然也不例外。各国在农业发展中，都必须从国内市场和国际市场、国内资源和国际资源出发，综合考虑，参与世界农业的专业化分工与合作。随着我国农业对外开放程度的提高，特别是随着我国加入WTO以后，广泛而激烈的市场竞争既为我国农业的发展提供了机遇，为引进资金、技术和农产品出口创造了条件，但同时也使我国农业更加直接地面对来自国际市场、国外农产品和农业技术的挑战，尤其是在我国农业还比较落后的情况下，这种挑战就显得更加突出。

第六，社会对农业、农村和农民发展的要求更高。今天我国农业的发展，不再只是增加产量、保障供给这么简单了，而是将增加产量同提高质量、改善结构、增加效益、合理利用资源、有效保护环境等问题紧密地联系在了一起；今天我国农村的发展不只是发展农村经济，而是农村经济、政治、文化、生态等各方面的协调发展；今天我国农民的发展不只是解决温饱问题，而是在解决温饱的基础上不断满足农民群众日益增长的经济、政治、文化生活需要，不断提高农民的综合素质。

25 村干部做好“三农”工作所面临的困难和问题是什么？

在新阶段做好“三农”工作所面临的各种困难是多方面的。这里不仅有一些长期困扰“三农”发展的深层次的矛盾远没有得到解决，而且因内部环境和外部条件的变化而产生的新情况和新问题也层出不穷。比如，农业面临的市场和效益问题、农村面临的增加就业和全面发展问题、农民面临的维护经济利益和保障民主权利问题等都需要用心用智慧来妥善解决。更需要强调的是在“三农”当中的核心问题即增加农民收入的问题，还受到多方面的困扰和羁绊，在解决的过程中困难重重。因此，我们一定要认清“三农”形势，牢牢抓住并且充分利用“三农”发展的有利机遇，成功应对“三农”发展中的各种挑战，采取积极有效的措施，推动“三农”发展，特别是要切实增加农民收入，攻克我国全面建设小康社会、加快推进社会主义现代化进程中的重点和难点课题。

26 怎样理解解决好“三农”问题是村干部工作的重点？

从古至今，农业在我国历来是安天下、稳民心的基础产业，又一直是国民经济发展的薄弱环节。当前，解决好“三农”问题，是关系国民经济全局的重大任务，是全党工作的重点，更是农村党支部工作的重点。

第一，农业的基础地位和我国农业的现状决定了要坚持把解决好“三农”问题作为全党工作的重点。我国农业劳动生产率低，农村生产力落后。我国人口的绝大部分居住在农村，农民的生活水平明显低于城镇居民，农村教育、科技、文化和卫生等事业的发展水平也明显落后于城市。正因为这一系列的差距与落后，“三农”问题才格外突出，格外紧要。

进一步解决好“三农”问题，加快农业和农村经济的发展，是保持国民经济持续快速健康发展的必然要求。扩大内需是我国经济发展长期的、基本的立足点。农村人口最多，市场潜力最大。坚持扩大内需的方针，就要把扩大投资需求和扩大消费需求紧密结合起来，大力发展农业和农村经济，将输血和造血相结合千方百计地增加农民收入，从而提高农村消费在整个消费中的比重。进一步解决好“三农”问题，加快农业和农村经济的发展，是确保国家长治久安的必然要求。只有在广大农村形成和谐安定、健康向上的良好局面，保证广大农民安居乐业，农村社会稳定才能有坚实的基础，国家的长治久安也才能有可靠的保障。

第二，全面建设小康社会和现代化发展的历史进程决定了要坚持把解决好“三农”问题作为全党工作的重点。在实现全面建设小康社会目标的进程中，农村面临的任务比城市要复杂得多、艰巨得多。没有“三农”的全面小康，何来中国的全面小康？因此，进一步解决好“三农”问题，加快农业和农村经济的发展，是全面建设小康社会的必然要求。从我国的现代化发展阶段来看，在工业化初期，农业支持工业，是一个普遍的趋向；在工业化达到相当程度后，工业反哺农业、城市支持农村，也是一个普遍的趋向。两者形式不同，但是异曲同工。我国现在总体上已进入了以工促农、以城带乡的发展阶段。因此，我们必须顺应这一趋势，坚持把解决好“三农”问题作为全党工作的重点，下决心合理调整国民收入分配格局，逐步扩大公共财政覆盖农村的范围，推进统筹城乡的劳动力市场、义务教育和公共卫生事业的蓬勃发展。

本章案例

浙江嘉兴市实施村庄整治经验值得借鉴

【典型案例】

浙江嘉兴市按照该省“千村示范、万村整治”工程规划，加大了农村生态建设力度，出台了《关于在全市农村开展环境卫生综合整治的实施意见》。目前，嘉兴在村庄整治、农村面源污染防治等生态建设方面已取得了较大成效。具体做法是：

第一，村庄整治。该市从过去选择几个条件比较好的村庄点先行推进整治，转变到选择一批重点镇实行逐镇成片推进；从过去开展各种单项整治建设，转变到全面实施“道路硬化、环境洁化、河道净化、民居美化、村庄绿化”等五化为重点的整体建设；从过去侧重抓环境整治建设，转变到同时加强村级配套建设和发展公共服务，加快建设农村全面小康新社区。到目前为止，该市启动建设的示范村共106个，基本完成建设的示范村40个，启动建设的整治村700多个，占行政村总数的80%，受益农民达100多万。

第二，治理农村环境。该市通过推广沼气综合利用工程、建设机肥厂、畜粪处理中心等措施，实现畜粪的减量化、资源化、无害化处理；按照“户集、村收、镇运、县处理”的工作机制，集中收集处理农村生活垃圾，并通过建设垃圾焚烧发电项目，实现废物的再利用；通过铺设管道，将生活污水直接接入集污管网和培育自然或人工湿地、安装净化装置等方法，进行生活污水处理；通过河道清淤工程，改善全市农村水环境。

【案例解读】

村容整洁是新农村建设的核心。虽然村庄整治需要投入很大的人力和财力，但更重要的是要建立一套比较完善的农村环境建设的机制和制度。一是建立分级责任制度，省、区、市应负责提出本地区村庄整治的引导性项目、阶段性目标与实施方案，县乡负责指导与实施组织，村庄自治组织负责组织具体项目的建设，村民自主投工投劳参与项目建设及管理。二是建立农民参与机制，确立农民在村庄整治中的主体地位，尊重农民意愿和对项目的选择。三是建立村庄公共设施管理的长效机制，探索村民自主管理的途径，组织引导农村干部群众参与公共设施运营维护与管理，通过村民缴费或村集体经济解决管理资金来源问题。四是要建立村庄整治的督促检查制度，要加强对村庄整治实施过程中资金与实物使用的监管，防止挪用、滥用。

第2章 农村日常事务管理

1 公民有宗教信仰自由吗?

我国《宪法》第36条规定:“中华人民共和国公民有宗教信仰自由。任何国家机关、社会团体和个人不得强制公民信仰宗教或不信仰宗教,不得歧视信仰宗教的公民和不信仰宗教的公民。”所谓宗教信仰自由,就是每个公民既有信仰宗教的自由,也有不信仰宗教的自由,既有信仰这种宗教的自由,也有信仰那种宗教的自由,在同一宗教里,既有信仰这个教派的自由也有信仰那个教派的自由。

宗教信仰是人的思想信仰,不是迷信邪教,它属于思想领域问题,是人权的组成部分。邪教迷信活动是人们愚昧无知的表现。国家禁止一切违法的迷信、邪教活动,而保护正常的宗教信仰。我们要严格区分合法的宗教活动和违法的邪教迷信活动,警惕有人利用宗教进行违法犯罪活动。

2 为什么要取缔邪教组织?

近几年,邪教组织在我国一些地方滋生蔓延,这些邪教组织,冒用宗教或者其他名义,歪曲宗教经典,制造、散布迷信邪说，混淆是非，蛊惑、蒙骗他人，发展成员，采用各种手段进行控制，从事违法犯罪活动。他们动辄聚众围攻、冲击国家机关、企业事业单位，扰乱正常的工作、生产、经营、教学和科研秩序；非法举行集会、示威，或者强占公园、运动场等公共场所，破坏社会公共秩序；聚众围攻、冲击、强占宗教活动场所，或者以其他方式妨碍正常的宗教活动；煽动、欺骗、组织其成员或者他人破坏国家法律、行政法规的实施；非法出版、发行宣扬邪教内容的出版物和邪教组织的标识，毒化人们的思想；煽动、蒙骗其成员或者群众。对邪教组织必须坚决依法取缔，对其犯罪活动必须坚决依法严厉打击。

我国历来重视同邪教组织的斗争，但必须清醒地看到，防范和惩治各种邪教活动是一项长期的、复杂的重要任务。邪教组织严重破坏社会秩序和社会稳定，危害人民群众生命财产安全和经济发展。为了维护社会稳定，保护人民利益，保障改革开放和社会主义现代化建设的顺利进行，必须坚决支持防范和惩治邪教活动的决定。

3 精神病人对实施危害社会的行为要负刑事责任吗？

在刑法上，精神病人被认为是无刑事责任能力的人，因此其对实施的危害社会的行为不负刑事责任。所谓精神病人，是指由于人体内外各种原因所引起的脑机能失调的一类疾病。例如，患有各类重性精神病、痴呆症、夜游症和病理性醉酒等病症的人都属于精神病人之列。在医学上所说的神经官能症、人格障碍、性变态等非精神性精神障碍的人不属于法律上的精神病人。

我国《刑法》规定，精神病人在不能辨认或者不能控制自己行为的时候造成的危害结果，经法定程序鉴定确认的，不负刑事责任。间歇性的精神病人在精神正常的时候犯罪，应当负刑事责任。尚未完全丧失辨认或者控制自己行为能力的精神病人犯罪的，应当负刑事责任，但可以从轻或者减轻处罚。

4 建筑物致人损害的该怎样追究民事责任？

建筑物致人损害行为，是指建筑物或者其他设施以及建筑物上的搁置物、悬挂物发生倒塌、脱落、坠落造成他人损害的特殊侵权行为。《侵权责任法》第85条规定，建筑物、构筑物或者其他设施及其搁置物、悬挂物发生脱落、坠落造成他人损害，所有人、管理人或者使用人不能证明自己没有过错的，应当承担侵权责任。所有人、管理人或者使用人赔偿后，有其他责任人的，有权向其他责任人追偿。

1. 认定标准

（1）有事实行为存在。（2）有损害事实。物件损害事实，既包括人身伤害，也包括财产损害。（3）损害事实须与物件致害行为之间有因果关系，物件脱落、坠落，直接造成受害者的人身伤害或财产损害，为有因果关系。（4）须物件所有人或管理人有过错，是指设置或管理物件不当，致人损害。物件致人损害的案件，首先推定物件所有人或管理人有过失，认定其未尽注意义务，无须受害人证明。

2. 责任承担

物件脱落致人损害是一种特殊侵权行为，适用过错推定责任。所谓过错推定是指损害发生后，受害人证明自己的损害是因建筑物等设施或者其搁置物、悬挂物脱落、坠落造成的，所有人、管理人或者使用人对自己没有过错承担举证责任，不能证明自己没有过错的，应当承担侵权责任。

（1）所有人、管理人或者使用人不能证明自己没有过错的，应当承担侵权责任。建筑物、构筑物或者其他设施的所有人、管理人或者使用人应当对建筑物、构筑物或者其他设施及其搁置物、悬挂物进行合理的管理、维护，避免给他人造成损害。

（2）物件致人损害案件中，所有人，管理人，使用人不能证明自己没有过错的，应承担侵权责任，至于还有其他侵权人的，可在赔偿后，向其进行追偿。

5 动物致人损害的该怎样追究民事责任?

动物致人损害行为，是指饲养的动物致人损害而由动物的饲养人或管理人承担民事责任的特殊侵权行为。《侵权责任法》第78条、第80条规定，饲养的动物造成他人损害的，动物饲养人或者管理人应当承担侵权责任，但能够证明损害是因被侵权人故意或者重大过失造成的，可以不承担或者减轻责任。禁止饲养的烈性犬等危险动物造成他人损害的，动物饲养人或者管理人应当承担侵权责任。

1. 动物致人损害责任的构成要件

（1）须有动物致人损害的行为。

（2）须有损害事实。

损害事实包括人身损害和财产损害。人身损害是指受害人因动物致害行为引起的致伤、致残或致死；财产损害是指动物致害行为引起受害人财产的损失，包括直接损失和间接损失。动物致害行为侵害受害人的生命权、身体权、健康权，符合精神损害赔偿的条件的，受害人可以主张精神损害赔偿。对因动物致害行为引起的人身损害和财产损害的赔偿可以适用损害赔偿的一般规定。

动物致害行为导致的损害事实除人身损害或财产损害的事实外，还包括饲养的动物造成的危险或妨碍，比如，饲养恶犬而任其四散游走，危及周围民众的人身安全的，周围民众得以受害人的身份请求人民法院责令动物的饲养人或管理人排除妨碍或消除危险。

（3）动物致害行为与损害事实之间有因果关系。

动物致害行为可能是损害事实发生的唯一原因，也可能是损害事实发生的多个原因之一。对于动物致害行为与损害事实之间的因果是否成立的问题，可依相当因果关系说的标准加以判断。

（4）动物的饲养人或管理人主观上有过错。

对动物的饲养人或管理人，法律赋予他们有严格管理动物的义务。凡动物致人损害，即推定其疏于管理，表明他们对动物致害行为主观上有过错。只要存在以上四个构成要件，同时不存在免责事由，动物的饲养人或管理人都应当承担动物致害责任。

2. 动物致人损害赔偿标准

《侵权责任法》第 16 条规定，侵害他人造成人身损害的，应当赔偿医疗费、护理费、交通费等为治疗和康复支出的合理费用，以及因误工减少的收入。造成残疾的，还应当赔偿残疾生活辅助具费和残疾赔偿金。造成死亡的，还应当赔偿丧葬费和死亡赔偿金。

6 什么是阳光工程？阳光工程项目主要培训哪些人群？农民朋友参加阳光工程培训是否要交费？

阳光工程是由政府公共财政支持，主要在粮食主产区、劳动力主要输出地区、贫困地区和革命老区开展的，帮助农村劳动力转移到非农领域就业前的职业技能培训示范项目。活动按照“政府推动、学校主办、部门监管、农民受益”的原则组织实施。目的是提高农村劳动力的素质和就业技能，促进农村劳动力向非农产业和城镇转移，帮助农民转型，更好地融入社会，在新的领域中实现稳定就业，增加他们的收入，推动城乡经济社会共同协调发展，加快全面建设小康社会的步伐。

阳光工程针对的对象主要是农村45岁以下的富余青壮年劳动力。因为这些年来，随着农业机械化水平的不断提高，农村出现了大量的剩余劳动力，一般来讲，他们的素质普遍不高，除了种田之外缺乏其他的劳动技能，影响了向非农产业和城镇的转移，难以在城镇实现稳定就业，所以通过阳光工程参加培训，提高技能，他们就可以转移到非农行业，大大拓宽了他们的就业之路。

阳光工程培训所需的经费原则上实行政府、用人单位和农民工个人共同分担的投入机制。中央和地方各级财政在财政支出中安排专项经费扶持农民工培训工作，培训单位不再向农民朋友收取培训费。但是，对于培训时间长、培训成本高的工种，培训单位也可以视实际情况，降低标准向学员收取少量的培训费。

7 什么是人身权？

人身权，是指与权利主体人身不可分离、没有直接财产内容的权利。人身权包括人格权和身份权两大类，其中人格权包括生命权、身体权、健康权、姓名权、名称权、名誉权、肖像权等。身份权包括亲权、配偶权、亲属权、荣誉权等。人身权是我国公民和法人的人身关系在法律上的体现。人身权是不直接具有财产内容的，不能以金钱来衡量其价值，一般不具有可让与性，受到侵害时主要需以非财产的方式予以救济。

1. 人格权

人格权是指民事主体基于其法律人格而享有的、以人格利益为客体、为维护其独立人格所必需的权利。人格权又包括具体人格权和一般人格权。

具体人格权包括：生命权、身体权、健康权、姓名权、名称权、肖像权、名誉权、隐私权、信用权。

（1）生命权。生命权是指人身不受伤害和杀害的权利或得到保护以免遭伤害和杀害的权利，取得维持生命和最低限度的健康保护的物质必须的权利。也是人权最基本的权利。（2）身体权。身体权是指自然人对保持其肢体、器官和其他组织的完整而依法享有的权利。身体权有其独特的保护范围，对身体权的侵害行为，不以对身体的侵害造成生命、健康的损害为必要。（3）健康权。健康权是指自然人保持其正常的生理和心理的技能状态和社会适应能力的权利。（4）姓名权。姓名权是指公民决定其姓名、使用其姓名和变更其姓名并要求他人尊重自己姓名的权利，是以姓名利益为内容的权利。主要包括姓名的命名、使用、变更并排除他人的妨碍和侵害。（5）名称权。名称是指法人和其他组织在参与民事活动时，为区别于其他组织而为自己确立的一个特定标志。法人的名称应能反映其营业性质、业务活动及隶属关系。（6）肖像权。肖像是指公民身体的外部表现，并通过传统美术和现代科学将人身体的外部表现在客观上再现，如通过雕塑、摄影、画像等。肖像反映的是肖像者的真实形象和个性特征，所以肖像与特定人的人格不可分离。所以肖像权是公民对自己的肖像享有利益并排斥他人侵犯的一种人身权利，是以公民的形象、特征利益为内容的人格权。（7）名誉权。名誉是指社会或他人对特定公民、法人的品德、才干、信誉、商誉、资历、功绩等方面的评价和总和。名誉权就是公民、法人依法享有的，有关自己的社会评价不受他人侵犯的一种人身权利。（8）隐私权。隐私权又称个人生活秘密权，是指自然人不愿公开或让他人知悉个人秘密的权利。（9）信用权。民事主体所具有的经济能力在社会上所获得的相应信赖与评价所享有的保有和维护的人格权。作为民事主体的自然人和法人，都依法享有信用权，其他任何人不得非法侵犯，征信机构也不能侵害这种权利。

2. 身份权

身份权是指公民或法人依一定行为或相互之间的关系所发生的一种民事权利。身份权作为一种民事权利，它不仅为权利人的利益而设立，同时也为相对人的利益而设立，因此权利人依法行使法律赋予的各项身份权利，也必须履行相应的法定义务。

身份权主要包括：配偶权、亲权、亲属权（监护权）、荣誉权、知识产权中的身份权（著作权、发明权、专利权、商标权等）。

8 什么是姓名权？姓名权包括哪些内容？

所谓姓名权，是指自然人依法享有的决定、变更和使用自己姓名并排除他人干涉或非法使用的权利。姓名权保护的客体并不限于公民在户籍机关正式登记的姓名，还包括公民使用的能够用来确定和代表其个人特征的其他姓名。

姓名权主要包括以下三方面的内容：（1）姓名的决定权。这是指公民有权决定自己的姓名。公民可以决定姓父姓，也可以决定姓母姓，还可以决定姓其他的姓。除了决定自己的正式姓名之外，还有权决定自己的艺名、笔名、化名、别名等。（2）姓名的使用权。这是指公民依法使用自己姓名的权利。公民可以使用自己的姓名，也可以不使用自己的姓名，可以依法允许他人使用自己的姓名，公民还可以要求他人正确使用自己的姓名。（3）姓名的变更权。这是指公民依照规定改变自己姓名的权利。这一权利是公民姓名决定权的自然延伸。如果公民要变更正式姓名，还须到户籍登记机关办理变更登记手续。

9 自己的名誉权被他人侵犯怎么办？

公民的名誉权，是指公民对自己的社会评价享有的不受他人侵犯的权利。名誉，俗称名声，是社会对某个公民的品德、才能、思想、作风等的综合评价。一个人的名誉直接关系着公民个人的人格尊严和社会地位。名誉是一个人在一点一滴、一言一行中建立起来的，是需要精心维护的十分珍贵的东西，它不仅能使公民得到他人的尊重和信赖，也是自己从事民事活动的有利条件。

名誉权是法律赋予每一个公民的基本权利，公民要想维护自己的名誉权必须注意以下几点：

（1）公民必须明确名誉权的相关内容：①公民有维护自己名誉尊严的权利，名誉既然是社会对于一个公民的各方面的综合评价，这种综合评价是公民长期以来生活作风、品德、才能和素养的客观反映，因此对于具有客观性的评价，公民有保持这种评价的完整性、客观性的权利。②一旦公民的名誉权受到侵害，公民有向法院提起诉讼的权利。诉讼权是公民维护自己权利的合法方式，这是名誉权权利内容一个不可分割的部分。

（2）公民应掌握认定侵害名誉权行为的依据：侵害名誉权，主要表现为侮辱和诽谤两种方式。

侮辱，是指用暴力或口头、文字等方式，公然侮辱他人，损害他人的人格尊严。构成侮辱行为的认定，须具备以下要件：

①在主观上，侵权人是故意的，也就是有意识地要损害他人的名誉、人格。如果是无意中说了有损于他人名誉、人格的话，并非故意侮辱的，则不构成侮辱行为。②在客观上，侵权人实施了引起他人精神痛苦和屈辱的言辞或行为。③侮辱行为必须具有公然性，即有第三人或更多的人在场或者用能够使众多的人看到或听到的方式进行侮辱。④侮辱行为须具有针对性，即侮辱行为是针对特定的人实行的。如果在公共场所无目标的谩骂，没有针对性，不构成侮辱行为。

诽谤，是指无中生有，捏造事实，破坏他人名誉、人格的行为。构成诽谤行为的认定，必须注意以下几个条件：①诽谤人在主观上必须具有过错，它包括故意和过失这两种心态。②在客观上，侵权人实施了足以使他人名誉受到损害的行为，它包括以捏造、夸大和歪曲事实的行为来降低对该公民的社会评价。③诽谤行为具有公然性和针对性。

（3）公民的名誉权一旦受到侵害可以要求侵权人终止侵权行为，公开赔礼道歉，公开消除侵权行为所造成的不良影响，恢复名誉，也可以要求侵权人赔偿损失。如果侵权人对公民的请求不予理睬，公民可以向法院提起诉讼。

10 自己的肖像权被他人侵犯怎么办？

公民的肖像权是指公民对于自己的照片、画像、录像、塑像等具有物质载体的视感影像依法享有的不受侵犯的权利。民法通则明确规定了公民享有肖像权。为维护自己的肖像权，公民应注意掌握以下几点：

1. 公民首先应明确肖像权的内容和自身的权益

公民肖像权的内容主要包括：（1）公民有权通过各种方式再现自己的个人形象。（2）公民可以拥有自己的肖像，可以保存、收藏自己的肖像。（3）公民有权使用自己的肖像和允许他人使用自己的肖像。许可他人使用自己的肖像，公民有获得酬金的权利。（4）侵犯公民肖像权，公民有提起诉讼的权利。

2. 公民应注意掌握侵犯肖像权的认定依据

侵犯肖像权行为的认定一般应把握两个标准：（1）未经同意而使用他人肖像。未经本人同意使用其肖像表明侵权人对他人肖像人格利益的不尊重，其行为破坏了他人肖像的个人专有性和完整性，应当受到制裁。如果经过本人同意而使用其肖像，就不构成侵犯肖像权的行为。（2）侵犯肖像权须是以营利为目的行为。以营利为目的是指以使用某人的肖像达到招徕顾客、推销商品的目的或直接以肖像制作成为或复制成为商品出售盈利。未经他人同意而以营利为目的使用他人肖像，既损害了权利人的人格，也损害了权利人因他人利用自己的肖像进行商业行为而获取物质利益的权利，这在法律上是不许可的。例如，照相馆未经本人同意，不将底片交给顾客或者将顾客艺术像存放橱窗招揽顾客，即属于侵犯公民肖像权。

3. 公民应注意区分合理使用他人肖像和侵权行为的界限

未经本人同意而以营利为目的使用他人肖像即构成对肖像权的侵犯。下列情况属合理使用：（1）为公益目的而使用他人肖像，例如，宣传某人的先进事迹，在报纸、电视台、电影中使用先进人物的照片，可以不征得某人的同意使用。（2）新闻报道拍摄照片和影像。（3）通缉逃犯和罪犯而使用他人肖像。

（4）寻人启事刊登照片等。

4. 如何正确地维权

被侵犯公民肖像权公民可以向侵权人提出终止该侵权行为的请求；也可要求侵权人向自己赔礼道歉，并可以请求侵权人支付赔偿金。如果侵权人置之不理，公民也可以向法院提起诉讼。

11 自己的荣誉权被他人侵犯怎么办？

荣誉权，是指公民有获得并保持各种嘉奖的权利。公民依法享有的荣誉包括各种荣誉称号、证书、勋章、奖章、奖状等。公民的荣誉是在学习、生产、工作或战斗中表现突出，成绩卓著，立有功勋而获得的光荣称号。例如，先进工作者，战斗英雄，劳动模范，优秀党员，最佳男、女主角等都是光荣称号。

为了更好地维护自己的权利，获得荣誉称号的公民，必须要明确地了解以下几点：

首先，公民要明确荣誉权的权利内容：（1）公民有获得和保持荣誉的权利。荣誉权并非每个公民与生俱来的，只有当公民在学习、工作和思想品质等方面具备了一定的优胜条件之后才能获得此殊荣，一旦获得即表明该公民具有了一种美好的名誉和良好的名声，对这种荣誉，公民有维护和保持的权利。（2）对于侵害荣誉权的行为公民有提起诉讼的权利。

其次，公民还要注意掌握侵犯荣誉权的表现和认定责任的依据。侵犯荣誉权主要表现为：（1）非法剥夺公民的荣誉称号。一般来说，对公民已获得的荣誉称号，其他公民和法人非依法律规定不得剥夺、取消公民的荣誉称号，只在有法律规定的前提下，才允许剥夺公民的荣誉称号。除了依法剥夺外，在其他情况下，公民和法人不得任意剥夺和取消他人的荣誉称号。（2）非法诋毁公民的荣誉权。对公民已获得的荣誉称号，侵权人无根据地诬陷他人是用弄虚作假、谎报成绩骗取的荣誉称号，这种诽谤和诋毁行为不仅是对荣誉称号的损害，也是对公民名誉的损伤，视为非法诋毁公民的荣誉权。

对于公民侵犯他人荣誉权的认定，一般要从两个方面综合考虑：一要掌握侵权行为的违法性和损伤性，二要掌握侵权人的主观过错性。

最后，对于侵犯公民的荣誉权的行为，公民可以请求侵权人公开赔礼道歉和消除因侵权造成的不良影响，也可以请求侵权人赔偿损失。如果侵权人对公民的请求置之不理，公民还可以向人民法院起诉，要求人民法院强制侵权人立即停止侵权行为，消除影响、恢复名誉、赔礼道歉，并可以要求物质赔偿。有必要提醒公民注意的是，所有因停止侵害、消除影响、恢复名誉、赔礼道歉所产生的登报广播、发表启事、公告等费用，应一律由侵权人承担。

12 一个村民被怀疑犯罪，人身自由可能会受到什么样的限制？

村民享有人身自由的权利，但这并不是绝对的自由，是在一定法律范围内的自由，是在不危及其他公民生命财产安全的前提下的自由。当一个村民被怀疑犯罪时，公安机关、检察院或者法院等国家机关可以依法采取一定的措施，对村民的人身自由予以限制。具体来说，主要有以下两种措施：

一是逮捕。逮捕是指公安机关、人民检察院和人民法院依法把犯罪嫌疑人、被告人羁押起来，暂时剥夺其人身自由的一种强制措施。根据我国《宪法》和《刑事诉讼法》的相关规定，逮捕的决定权和执行权是分离的。有权决定逮捕的司法机关不能执行逮捕；有权执行逮捕的机关无权决定逮捕。我国《宪法》规定了公民的人身自由不受侵犯。如果不经过人民检察院批准或者决定，或者人民法院决定，并由公安机关执行，任何公民都不能被逮捕。对于非法逮捕、拘禁公民的单位或个人，应当追究其法律责任。在司法实践中，一定要防止违法逮捕行为的发生。

这一规定阐明了逮捕必须具备的三个条件：（1）有证据证明公民有犯罪事实。这包括了两方面的含义：其一，是对实体事实的要求，即要有“犯罪事实”；其二，是对证据的要求，即要“有证据证明”，也就是说，该“犯罪事实”要有“证据”证明其是客观存在的。（2）犯罪嫌疑人可能被判处徒刑以上的刑罚。（3）采取取保候审、监视居住等方法，尚不足以防止其发生社会危险性，因而有逮捕的必要。

在执行逮捕时，人员不得少于2人，而且要向被逮捕人出示“逮捕证”，宣布逮捕，并责令被逮捕人在“逮捕证”上签字或捺手印，并注明时间。被逮捕人拒绝在“逮捕证”上签字或捺手印的，应在“逮捕证”上注明。逮捕犯罪嫌疑人、被告人，可以采用适当的强制方法。犯罪嫌疑人、被告人被逮捕后，提起批准逮捕的公安机关、决定逮捕的人民检察院或者人民法院，应当在24小时之内进行讯问，发现不应当逮捕的公民，应立即释放，并发给释放证明。除有碍侦查或者无法通知的情形外，都应将逮捕的原因和羁押的处所，通知被逮捕人的家属或所在单位。不便通知的，应将不通知的原因在案卷中注明。

二是刑事拘留。刑事诉讼中的拘留是公安机关、人民检察院对直接受理的案件，在侦查过程中，遇到法定的紧急情况时，对于现行犯或者重大嫌疑分子所采取的临时剥夺其人身自由的强制方法。刑事拘留必须同时具备两个条件：其一，拘留的对象是现行犯或者是重大嫌疑分子。现行犯是指正在实施犯罪的人，重大嫌疑分子是指有证据证明具有重大犯罪嫌疑的人。其二，具有法定的紧急情形之一。对于何谓紧急情形，《刑事诉讼法》第 80 条和第 163 条对于公安机关的拘留和人民检察院的拘留作出了不同的规定。

《刑事诉讼法》第 80 条采用列举的方式，规定对于有下列情形之一现行犯或者重大嫌疑分子。公安机关可以先行拘留：（1）正在预备犯罪、实行犯罪或者在犯罪后即时被发觉的。（2）被害人或者在场亲眼看见的人指认他犯罪的。（3）在身边或者住处发现有犯罪证据的。（4）犯罪后企图自杀、逃跑或者在逃的。（5）有毁灭、伪造证据或者串供可能的。（6）不讲真实姓名、住址，身份不明的。（7）有流窜作案、多次作案、结伙作案重大嫌疑的。

在刑事诉讼中，除公安机关依法拥有决定拘留和执行拘留的权限以外，根据《刑事诉讼法》第 163 条的规定，人民检察院直接受理的案件中符合本法第 79 条、第 80 条第四项、第五项规定情形，需要逮捕、拘留犯罪嫌疑人的，由人民检察院作出决定，由公安机关执行。

检察院决定拘留的情形：由检察院自侦的案件，犯罪分子犯罪后企图自杀、逃跑或者在逃的；有毁灭证据、伪造证据或者串供的，以上两种情形检察院可以决定拘留。

13 “信访”的概念是什么，它有哪几种类型？

“信访”是“人民群众来信来访”的简称。信访制度创立于新中国成立之初，国务院在20世纪50年代就制定过专门的信访法规，用于倾听人民的声音。随着我国民主法制建设的进步，信访制度也得到了不断的成熟和完善。从法律的角度讲，人民群众通过来信来访对国家机关和党员干部提出批评、建议和控告是宪法赋予公民的基本权利，它既是公民维护自己合法权益的重要手段，也是人民群众监督政府行为的重要方式。通过这种方式，群众与政府部门直接沟通，有助于政府及时查遗补漏，把工作做得更完善，提高群众的满意度。实践证明，信访制度的有效实施在建立和谐社会和法治国家中发挥着不可估量的作用。

信访的内容涉及社会生活的方方面面，我们可以有多种分类。比如：根据信访的内容分为建议类信访和求决类信访，可以根据信访的性质分为涉法信访和非涉法信访，也可以根据信访的形式分为来信和来访，还可以根据信访的主体分为个人访和集体访等。如果从接受信访的国家机构来分，我们国家的信访主要有如下几种类型：

（1）党的信访，主要是党员和普通公民向党的纪律检察机构，提出的针对党员干部违法乱纪行为的信访。（2）人大信访，指公民向各级人民代表大会及其常委会提出的建议和控告。（3）政府信访，主要是公民按照《信访条例》向政府部门提出的信访。（4）司法信访，指公民向检察机关提出的举报、控告和对人民法院生效判决的申诉。（5）人民团体信访，包括公民向各级工会、妇联等人民团体提出的信访。（6）新闻媒体信访，如公民向《人民日报》《法制日报》、中央电视台等权威新闻机构的来信来访。（7）其他信访，包括向某些行业组织、企事业单位提出的信访。

在上述所有的信访形式中，最重要的无疑是国家权力机关、行政机关和司法机关的信访活动，因为它们依法享有权力负有职责，能够权威性地解决问题和作出决策。

14　村干部如何理解党的信访工作及其主要内容？

党的信访工作是指，党员或公民通过来信来访或者其他形式向党组织反映问题、提出建议、投诉或控告的活动。党的信访工作与其他信访活动不同，它不是一种国家活动，主要针对的对象是党员，依据的规定是党内的各种法规和政策，不是国家法律，这些都体现出了党的信访的特殊性。党内负责信访工作的部门是党的纪律检查委员会。

党的信访工作的内容包括两个方面：一是党员的信访。根据《党章》的规定，党员有向党的上级组织直至中央提出请求、申诉和控告，并要求有关组织给以负责的答复，这是关于党员信访权利的原则性规定。除此之外，在《中国共产党党员权利保障条例》中也规定：党员在政治、工作、学习等方面遇到重要问题需要党组织帮助解决的，有权向本人所在的党组织、上级党组织直至中央提出请求。党员对于党组织给予本人的处分、鉴定、审查结论或者其他处理不服的，有权向本人所在的党组织、上级党组织直至中央提出申诉；党员认为党组织给予其他党员的处分、鉴定、审查结论或者其他处理不当的，有权逐级向党组织直至中央提出意见。党员的合法权益受到党组织或者其他党员侵害时，有权向本人所在的党组织、上级党组织直至中央提出控告。党员有权要求有关党组织对其提出的请求、申诉和控告给予负责的答复。

二是群众的信访。作为非党员的群众也可以对党组织提出建议，或者对党员干部的违法违纪行为提出检举控告。在我们国家，大部分国家机关的领导人都是党员，某个党员或某些党员出现问题，难免有互相包庇，官官相护的情况，而群众的眼睛是雪亮的，群众的信访能对党员起到很好的监督作用。由于党的纪律检查委员会往往是和行政监察部门合署办公的，所以由群众向党的机构提出的信访占党的信访很大部分。

15 信访人有哪些权利和义务？

权利，是法律赋予公民可以从事某种行为的资格和可能性。不难理解，信访权利，就是法律规定公民在信访活动中可以从事某些活动的自由和资格。

根据《信访条例》规定，信访人享有以下十项主要权利：（1）依法反映情况，提出建议、意见或者投诉请求的权利。

（2）依法信访不受打击报复的权利。（3）就行政机关的行政行为及其工作人员的职务行为提出信访事项的权利。（4）查询信访事项办理情况的权利。（5）就信访事项受理、办理情况得到书面答复的权利。（6）要求对办理信访事项有直接利害关系的工作人员回避的权利。（7）检举、揭发材料及有关材料不被透露或者转给被检举、揭发的人员或者单位的权利。（8）反映的情况，提出的建议、意见，对国民经济和社会发展或者对改进国家机关工作以及保护社会公共利益有贡献的，享有得到奖励的权利。（9）事实清楚，法律、法规、规章或者其他有关规定的投诉请求得到支持的权利。（10）对信访事项处理不服，要求复查、复核的权利。

根据《信访条例》的有关规定，信访人的主要义务分为两方面：一方面，信访人在提出信访事项时，要客观真实，对其所提供的材料内容的真实性负责，不得捏造、歪曲事实，不得诬告、陷害他人，这是对信访活动的基本要求。

另一方面，信访人在信访过程中还要遵守法律、法规，不得损害国家、社会、集体的利益和其他公民的合法权利，自觉维护社会公共秩序和信访秩序，尤其不得有下列行为：（1）在国家机关办公场所周围、公共场所非法聚集，围堵、冲击国家机关，拦截公务车辆，或者堵塞、阻断交通的。（2）携带危险物品、管制器具的。（3）侮辱、殴打、威胁国家机关工作人员，或者非法限制他人人身自由的。（4）在信访接待场所滞留、滋事，或者将生活不能自理的人弃留在信访接待场所的。（5）煽动、串联、胁迫、以财物诱使、幕后操纵他人信访或者以信访为名借机敛财的。（6）扰乱公共秩序、妨害国家和公共安全的其他行为。

信访人在信访过程中做出的上述行为，不仅会影响到其他人的正常工作生活，而且往往会适得其反，不利于问题的解决，实在是得不偿失。

16 村民主要针对什么问题信访？

在过去一段相当长的时期里，农村发生的矛盾纠纷主要是以家庭矛盾和邻里矛盾为主。随着农村改革的不断深化和社会主义市场经济体制的逐步完善，农村发生的矛盾纠纷日益多元化，经济纠纷、合同纠纷、侵权纠纷、选举纠纷等涉法矛盾纠纷开始成为主流，纠纷范围涉及群众生活的各个方面。概括起来，农村群众的信访问题可以划分为五方面的内容：

第一，农村土地纠纷。土地是农民安身立命的物质基础，是农民最主要的经济来源和重要的财富。近十几年来，农民通过信访频繁反映的一个最主要的社会矛盾就是土地问题。农村在土地问题上的纠纷着重集中在两个方面：一方面反映在农村土地承包争议上。随着国家延长土地承包期限，土地的价值开始得到农民的高度重视，农民承包土地的热情高涨。另一方面反映在征占土地及其补偿问题上。在旧村改造和城市化不断扩展的过程中，许多地方政府和房地产开发商在利益上达成一致，把眼睛瞄准了农村的土地进行房地产开发，强制征占土地、降低补偿标准。农民虽说住进了楼房，但失地又失业，丧失了赖以生存的经济来源，严重损害了他们的利益。这种情况往往引发农民大规模长时间的上访。除了这两个方面，在退耕还林政策落实中也出现大量的矛盾和问题。

第二，农村财务问题。农村财务问题一般主要集中在经济相对比较发达的地区，村里开办企业或者有占地、招商等其他资金来源，村民都想通过村务公开真实了解本村的财务状况。然而，现实的情况是，有的村村务不公开，对村民一切保密；有的村公开却不规范，流于形式，琐碎的小事公开多，重要的大事公开少，或者公开内容是虚假不实的，对村民关心的热点问题不能按时有效公开；还有的村仅对几个与干部过从甚密的村民代表公开，遇到上级领导检查时走走过场，应付差事而已等。在这种情况下，村集体的资金收支非常混乱，农民对此非常不满，无奈之下走上了上访之路。

第三，农民负担问题。近年来，国家在政策上一再强调要千方百计减轻农民负担，而且制定了取消农业税的具体措施来落实承诺，受到了广大农民的欢迎。然而，我们发现在一些地区，政府部门还没有给农民完全“松绑”，农民负担依然沉重并成为上访的重要原因。农民负担沉重主要体现在两个方面：

（1）有些地方政府执行国家减负政策不到位，欺上瞒下，口号喊得响，实际做得少。（2）有些地方在修建农村道路或者其他公共设施集资中存在乱摊派问题，不体谅农民的苦衷。

第四，村委会和基层干部违法违纪问题。个别党员干部在村“两委”换届选举中暗箱操作贿赂选民。他们利用部分村民只图眼前利益贪小便宜，不能正确对待自己民主权利的弱点，投其所好，送钱、送物、请客吃饭进行拉拢，破坏选举秩序，群众对这种不够光明磊落的行为意见很大；还有的村干部家长式作风严重，群众观念淡薄，独断专行，大事小情一人说了算，涉及村民重大事项不召开两委会，不经村民代表大会通过，侵犯了村民的民主权利；有的村干部之间家族矛盾突出，受宗族派性的影响，双方围绕权力明争暗斗，钩心斗角，互相拆台，致使正常工作不能有效开展，造成农村社会的不稳定；还有的村干部包括乡镇干部不能正确运用手中的权力，以权谋私，挥霍浪费，贪图享受，损害群众利益，甚至个别干部严重违法乱纪，与社会黑恶势力互相勾结，用地痞流氓为自己撑腰，不择手段地威胁、欺压群众，在地方上产生了极坏的影响。

第五，普通涉法涉诉问题。最近几年，普通涉法涉诉问题在农村信访中所占的比例不断上升，成为农村信访的一个新热点。这主要是因为农民对司法机关判决、裁定不服，反映公、检、法、司部门执法不严、办案不公以及不作为、侵害群众人身财产安全等切身利益的问题比较多见，还有一部分是反映干部腐败、违法违纪问题。除此之外，也有少量涉法问题结案后当事人仍然无理缠访，对无执行能力的涉法案件，当事人多次要求重复或者越级上访。

总之，农村信访问题是新形势下人民内部矛盾的特殊表现形式。

现阶段，我国农村信访问题主要呈现以下三个特点：首先，是纠纷类型多。既包括传统的家庭矛盾邻里纠纷，也包括选举、征地、腐败等问题引发的纠纷。其次，是涉及层面广。信访的起因往往与群众的生产、生活关系密切，其中牵涉的群众少则几十人，多则上百人，给社会稳定造成严重的威胁，如果不能及时拿出合理的、令上访者满意的解决方案，后果不堪设想。最后，是集体上访和越级上访频繁。由于很多信访群众受“法不责众”“民意难违”等心理因素影响，抱着人多势众、人越多越有理，领导越重视、问题越容易解决的想法，成群结队地出动，形成多人参与的群体性上访事件。再加上很多人对基层政府不信任，希望事情尽快得到解决，有了问题不是逐级反映，而是经常要上省城、北京上访。这些情况就造成了集体上访和越级上访的频频出现。

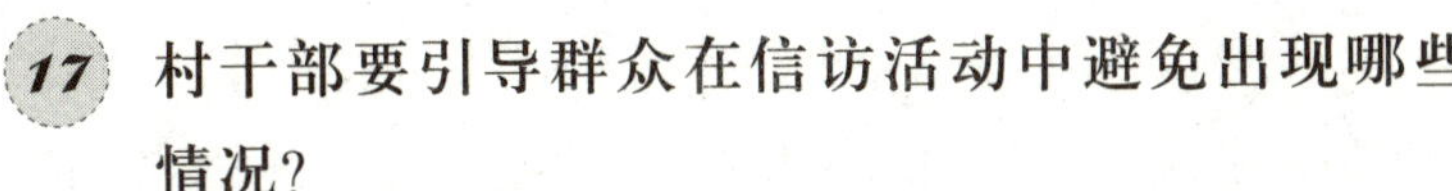

17 村干部要引导群众在信访活动中避免出现哪些情况？

在农村信访活动中，有一些信访行为是不符合法律规定或法律精神的，当然也不利于问题的解决。因此，村干部要引导群众在信访活动中避免出现这样几类行为：

一是集体上访。集体上访一般是指人数超过五人的来访。《信访条例》规定，“信访人提出信访事项，一般应当采用书信、电子邮件、传真等书面形式”“信访人采用走访形式提出信访事项的，应当到有关机关设立的或者指定的接待场所提出。多人采用走访形式提出共同的信访事项的，应当推选代表，代表人数不得超过5人”。

这样规定的目的是鼓励信访人尽量采用书面形式对要反映的问题提出投诉，因为信访问题主要还是要靠其他职能部门来处理，它需要一个调查处理的过程，有的还需要转办，要依据程序办事，往往并不能当场得到答复。如果是多人走访，就要推选出不超过5人的代表，由代表向国家信访机构表达大家的意愿和要求。许多人认为人多势众，人越多越有理、领导越重视、问题越容易解决，实际上这种想法是不对的。党中央和国务院一贯主张，群众上访，不要采取集体形式，因为集体上访对国家对群众都不利。集体上访花费巨大，还要耽误众多农民的生产劳动，而且也会妨碍国家机关的正常工作，扰乱社会秩序。集体上访一旦成为事实，不管组织者的主观愿望如何，它都会对社会造成不良影响，而且很容易被别有用心的人利用，借此大做文章，最终并不利于实际问题的解决。

二是越级上访。《信访条例》规定："信访人采用走访形式提出信访事项，应当向依法有权处理的本级或者上一级机关提出"，如果信访人没有按照这一条规定向有处理权的机关提出上访，而是上访到更高一级的国家机关，这就是越级上访。农民群众舍近求远是有原因的，这多是由于少数一些基层政府官员在处理信访问题时态度恶劣，方法简单，甚至故意推脱责任，上访的问题迟迟得不到解决，所以导致许多群众对基层政府丧失了信任，才一定要不辞辛苦地去省里或者北京去"告御状"。这种想法可以理解，但这种做法本身是不应该提倡的。因为即使上访者把问题告到北京去，最后还是要送回到地方来解决的。随意越级上访，不仅花费巨大，而且也并不见得有助于问题的解决。如果一些群众对地方政府的信访工作不满意，可以按照正常的程序投诉，也可以写信到更高一级政府或人大检举他们对工作不负责任。

《信访条例》还专门作出规定，"国家信访工作机构要建立全国信访信息系统，为信访人在当地提出信访事项、查询信访事项办理情况提供便利；县级以上地方人民政府应建立或确定本地区的信访信息系统，并与上、下级政府及其部门的信访信息系统实现互联互通”。全国信访信息系统的建立，把我国的信访工作推向了一个新的发展阶段，一些困扰信访人员的难题也迎刃而解。此举一方面大大方便了信访群众在当地提出信访事项，可以随时查询其所提出信访事项的办理进展情况。另一方面也方便上级行政机关及其负责人及时了解各个地区有哪些信访事项，可以随时督促相关部门尽快处理解决信访事项。还可以减少各级行政机关对同一信访事项重复受理、办理。在这种情况下，信访人更没有必要千里迢迢越级上访了。

三是暴力上访。信访是一种法律救济渠道，有着严格的程序，信访人必须遵守信访规则，依法信访，维护信访秩序，当反映的问题不能当时就得到解决时，也要给信访工作人员以充分的理解。但是，在实际中，有少数信访人为了急于要个说法，不惜采用暴力手段来达到目的，这种方式不仅是非常不可取的，而且是一种违法犯罪行为，是要受到法律惩处的，实在是得不偿失。有些人认为“会哭的孩子有奶吃”“大闹大解决，小闹小解决”，这种想法是非常不切合实际的，维护信访秩序，对人对己都是有利的。曾经有信访人在国家重要机构门前放火自焚，也有人希望通过制造暴力事件引起媒体和国家机关对自己上访问题的关注，引起社会轰动，促使问题尽快解决，这些行为都是和信访的宗旨大相径庭的，应该严格禁止。

四是长期上访。信访人首先要正确理解我国信访活动的宗旨，那就是设置一条便捷的途径，为一部分受迫害有冤屈的人讨回公道，但不能满足所有人的所有要求，更不能成为少数人满足自己不正当要求的手段。对此，我们必须要保持一个正常的心态去认识信访工作。根据我国《信访条例》规定，信访问题经过初步处理、复查和复核三个环节就已经终结了，当事人不能再就相同的问题重复上访。然而，有些人无视这样的规定，依然我行我素，同一个问题上访了三年、五年甚至十几年，还不肯罢休，这就是典型的长期上访，叫作“缠访”。

长期上访大致有两种情形：一种情况是上访人确实曾经受到某种冤屈或者侵害，气愤难平，但是因为证据灭失或者证人死亡（尤其是一些历史遗留问题），无法确认事实真相，因此问题很难得到解决，但是受害人又坚持上访。对于这种情况就需要特事特办，利用特殊手段安抚上访人情绪，例如，联合政府相关部门给予适当的救济。另一种情况是信访人的要求属于无稽之谈，既不合法又不合理，经过解释、说服、教育，对方仍不肯罢访息讼，这就属于典型的“缠访”了，这种行为不被允许，他的要求也不会得到满足的。如果信访人存在违法行为，还要追究其法律责任。

18 怎样确定民间借贷的利息和利率？“父债子还”这种说法合法吗？

根据法律规定，民间借贷合同对支付利息没有约定或者约定不明确的，视为不支付利息。如果在民间借贷合同中约定了支付利息的，借贷的利率不得违反国家有关限制借款利率的规定。我国法律还规定，民间借贷的利率可以适当高于银行的利率，但最高不得超过银行同类贷款利率的四倍（包含利率本数），超出部分的利息，法律不予保护。同时，民间借贷不可以计收复利。

《继承法》第33条规定："继承遗产应当清偿被继承人依法应当缴纳的税款和债务，缴纳税款和清偿债务以他的遗产实际价值为限。超过遗产实际价值部分，继承人自愿偿还的不在此限。继承人放弃继承的，对被继承人依法应当缴纳的税款和债务可以不负偿还责任。"从中不难看出，"父债子还"并不是天经地义的，子女替父母还债必须是在子女继承父母遗产的范围之内，如果继承的债务大于继承的财产价值，对于超出继承遗产的债务，子女就可以不作偿还了。

19 如何加强农村公共事务管理？

（1）繁荣发展农村文化。推进广播电视村村通、文化信息资源共享、乡镇综合文化站和村文化室建设、农村电影放映、农家书屋等重点文化惠民工程，建立稳定的农村文化投入保障机制，尽快形成完备的农村公共文化服务体系。广泛开展文明村镇、文明集市、文明户、志愿服务等群众性精神文明创建活动，倡导农民崇尚科学、诚信守法、抵制迷信、移风易俗，遵守公民基本道德规范，养成健康文明生活方式，形成男女平等、尊老爱幼、邻里和睦、勤劳致富、扶贫济困的社会风尚。加强农村文物、非物质文化遗产、历史文化名镇名村保护。

（2）大力办好农村教育事业。巩固农村义务教育普及成果，提高义务教育质量，完善义务教育免费政策和经费保障机制，保障经济困难家庭儿童、留守儿童特别是女童平等就学、完成学业，改善农村学生营养状况，促进城乡义务教育均衡发展。健全县域职业教育培训网络，加强农民技能培训，广泛培养农村实用人才。大力扶持贫困地区、民族地区农村教育。增强高校为农输送人才和服务能力，办好涉农学科专业，鼓励人才到农村第一线工作，对到农村履行服务期的毕业生代偿学费和助学贷款，在研究生招录和教师选聘时优先。保障和改善农村教师工资待遇和工作条件，健全农村教师培养培训制度，提高教师素质。健全城乡教师交流机制，继续选派城市教师下乡支教。发展农村学前教育、特殊教育、继续教育。加强远程教育，及时把优质教育资源送到农村。

（3）促进农村医疗卫生事业发展。完善农村医疗救助制度。重点办好县级医院并在每个乡镇办好一所卫生院，支持村卫生室建设，向农民提供安全价廉的基本医疗服务。加强农村卫生人才队伍建设，定向免费培养培训农村卫生人才，妥善解决乡村医生补贴，完善城市医师支援农村制度。坚持预防为主。加强农村药品配送和监管。积极发展中医药和民族医药服务。重视健康教育。加强农村妇幼保健，逐步推行住院分娩补助政策。坚持计划生育的基本国策，完善和落实计划生育奖励扶助制度，有效治理出生人口性别比偏高问题。

（4）健全农村社会保障体系。完善农村最低生活保障制度，加大中央和省级财政补助力度，做到应保尽保，不断提高保障标准和补助水平。全面落实农村五保供养政策，确保供养水平达到当地村民平均生活水平。完善农村受灾群众救助制度。落实好军烈属和伤残病退伍军人等优抚政策。发展以扶老、助残、救孤、济困、赈灾为重点的社会福利和慈善事业。发展农村老龄服务。加强农村残疾预防和残疾人康复工作，促进农村残疾人事业发展。

（5）加强农村基础设施和环境建设。加快农村饮水安全工程建设，解决农村饮水安全问题。加强农村公路建设，逐步形成城乡公交资源相互衔接、方便快捷的客运网络。推进农村能源建设，扩大电网供电人口覆盖率，实施农村清洁工程，加快改水、改厨、改厕、改圈，开展垃圾集中处理，不断改善农村卫生条件和人居环境。推进广电网、电信网、互联网“三网融合”，积极发挥信息化为农服务作用。发展农村邮政服务。健全农村公共设施维护机制，提高综合利用效能。

（6）推进农村扶贫开发。2017 年 12 月 27 日至 29 日召开的全国扶贫开发工作会议，明确 2018 年脱贫攻坚工作由找准帮扶对象向精准帮扶稳定脱贫转变，由关注脱贫速度向保证脱贫质量转变，由开发式扶贫为主向开发式扶贫与保障式扶贫并重转变。要加大工作力度，强化监督考核，确保打好脱贫攻坚战。2018 年脱贫攻坚工作总体要求是坚持“中央统筹，省负总责，市县抓落实”的体制机制，以深度贫困地区脱贫攻坚为重点，以扶贫领域作风专项治理为抓手，以提高脱贫攻坚实效为导向。会议强调，2018 年扶贫工作将重点确定 2018 年度贫困人口脱贫和贫困县摘帽计划，调整完善脱贫滚动规划；制定三年行动指导意见；强化对“三区三州”等深度贫困地区的精准支持；抓实推进精准施策；开展作风专项治理；扶贫与扶志扶智相结合，激发内生脱贫动力；完善督察巡查和考核评估机制；深入推进东西部扶贫协作和定点扶贫等。

20 村干部如何以法治方式管理农村事务？

村干部转变农村工作方式，要采取一系列务实管用、行之有效的做法，不断加强农村基层组织建设，增强党在基层的执政能力，用法律手段作为主要方式来管理农村事务，以适应乡村两级法律关系的变化、强化农村管理。围绕法律手段这一主渠道，同时辅以行政的、经济的、乡规民约的手段来调解农村的矛盾，管理农村的事务。

一是乡镇党委和政府自觉地把一切工作纳入到法律框架内，依法按程序管理农村事务。过去做农村工作，主要是上级灌输、下级贯彻，强调自上而下用行政命令的手段来解决农村矛盾，在乡镇往往是行政领导审案子、党委书记断官司。现在，村委会干部更倾向于维护本村群众利益，执行上级行政指令的意识越来越淡漠，同时随着农民群众法律意识的增强，用行政命令指挥工作、管理农村事务的做法，也越来越显得捉襟见肘了。所以，村干部要将农村事务的管理纳入法制化的轨道。首先是把村干部的工作纳入法律框架内，要求各级村干部依法行政，严格依法开展农村两委会换届选举、征地拆迁等重要工作，严格依法按程序处理农村的热点、难点问题。通过村委会调解、行政复议、仲裁、行政诉讼等程序来解决农民群众的问题，最终给群众一个满意的答复。

二是建章立制，通过制度创新解决农村矛盾。乡镇党委和政府着眼于建立农村矛盾解决机制，使农村管理工作有章可循，有"法"可依，减少矛盾和争议，明确基层干部的职责、权利、义务及应该遵循的工作规范。另外，坚持推行农村党支部领导下的两委会联席会议制度、基层例会和"一会两课"制度、农村财务管理双签制、农村干部廉政谈话制、农村干部年度考核制，定会收到良好的效果。

三是通过乡规民约的手段，调解农村矛盾。农村出现纠纷后，农民群众主要是通过两种方式来解决问题：一是上访，二是打官司。村干部首先提倡群众通过法律的渠道来解决问题；其次是在工作中变上访为下访，信访工作由被动变主动，及时了解农村中存在的问题；最后提倡用乡规民约来化解大量的农村民间纠纷。村干部要以法律渠道为主来解决农村问题，但大小事情都要通过法律渠道来解决，也是不现实的，一是社会成本太高，二是由于诉讼时效的限制，容易积累一些社会矛盾。所以，除了法律调解以外，村干部鼓励农民在一些民间纠纷上息诉罢访，通过乡规民约来化解纠纷，解决矛盾。产生在社会主义法律和道德准则基础上的乡规民约，是一种群众性的自我教育、自我监督、自我约束的办法，在农村一般是由村委会通过村民大会讨论制定的。《宪法》第 24 条规定，国家“通过在城乡不同范围的群众中制定和执行各种守则、公约，加强社会主义精神文明的建设”，把制定和执行乡规民约作为了加强社会主义精神文明建设的措施之一，对乡规民约的法律地位作出了明确规定。由于受时间和地域的限制，法律和制度在处理农村事务方面有一定的局限性，而乡规民约是乡村群众自发制定和自愿执行的各种道德守则和公约，往往会起到积极的作用。大家按照乡规民约，商量解决问题的办法，改变了过去我说你听、我压你服的做法，有效地化解了矛盾，一些问题也得到了很好的解决。

21　农村公路的建设资金如何筹集？如何进行防护？

农村公路建设资金包括省定额补助资金、地方自筹资金和其他资金。省定额补助资金由中央补助资金、省交通规费、国债资金、银行贷款等构成。地方自筹资金由地方政府通过财政投入或其他合法方式筹集。其他资金可通过农村公路沿线受益单位、社会企业和个人捐款，农民采取“一事一议”投工投劳以及公路冠名权、路边资源开发权、绿化权的拍卖、转让等方式筹集。

为防止道路两旁边坡垮塌，影响路面稳定，可在边坡上种植刺槐、香根草等植物，既可固土，预防水毁，又可美化环境。石料来源丰富的山区，也可在排水沟外侧、路丛边缘修筑干砌片石或水泥浆砌矮挡墙，以保证路基稳定，提高路基路面抵抗雨水冲刷能力，使农村公路能更好、更长久地服务。

22 什么是农村社区建设？农村社区建设具有哪些基本特征？

简单地说，农村社区建设主要是指在党和政府的领导下，动员各方面力量，整合社区资源，强化社区功能，解决社区问题，合力建设管理有序、服务完善、文明祥和的新型农村社会生活共同体的过程。具有整合性、综合性、社会性、地域性、计划性等特征。

农村社区建设具有五大基本特征：

（1）整合性。整合性是农村社区建设的本质属性。这是因为，农村社区建设特别强调社区成员共同努力，社区民间力量和政府组织通力合作。从这个角度说，所谓农村社区建设也可以说是整合社区资源和社会力量共同解决社会问题，合力推进社区发展的过程。

（2）综合性。农村社区建设是指农村社区的全方位建设，而不是指某一方面的工作，是综合性极强的实践活动。从构成内容来看，它包括社区服务、社区管理、社区文化和生态建设等多方面的内容，涉及农村社会的方方面面，具有极强的综合性。从方法和手段来看，开展农村社区建设需要同时运用经济手段、行政手段、社会手段等，也具有极强的系统性、综合性。

（3）社会性。农村社区建设既包含政府行为，又不单纯是政府行为；既包含民间活动，又不单纯是民间活动。它是各类社会主体、各种社会力量共同参与的过程。就我国农村的情况来说，一是党和政府发挥着领导或主导作用；二是村民委员会和农村社区各种民间组织发挥着骨干或中介作用；三是广大农村居民群众和驻社区的企事业单位发挥着基础或支持作用。

（4）地域性。地域性也可称为“地缘性”或“社区性”，主要是指农村社区具有的“地方性”特征。这种特征，一是表现为社区建设都是根据本社区成员的需要和愿望，解决本社区问题，为本社区成员提供多样性服务和管理。二是表现为社区建设的组织者和参与者主要是本社区内的村民、群体和单位、组织。三是表现为社区建设都会受到本社区地理环境、文化条件、人口状况、经济发展水平等因素的影响，在管理服务内容、方式等方面都会刻上这些要素的印迹。

（5）计划性。一般地说，要系统开展农村社区建设，需要从社区实际情况出发，制订切实可行的发展规划和工作计划，并按计划开展活动。因此，计划性是农村社区建设的一个重要特征。

23 农村社区建设的主要内容是什么？农村社区建设的基本目标和远期目标是什么？

农村社区建设的主要内容：一是建立健全新型的农村社区组织管理体制，二是建立健全完善的农村社区服务体系，三是构建和谐的农村社区文化。也就是说，农村社区建设要创新体制机制，完善服务体系，发展和谐文化。

农村社区建设的基本目标是把农村社区建设成为管理有序、服务完善、文明祥和的社会生活共同体。远期目标是推进城乡一体化、社会主义新农村建设和社会主义和谐社会建设。这一远期目标，表明了农村社区建设与消除城乡二元结构、新农村建设、和谐社会建设之间的关系，也表明了农村社区建设是实现城乡一体化、建设新农村与和谐社会的平台、措施、必要条件和有效途径。

24 农村社区建设工作的管理体制是什么？怎样健全农村社区建设工作领导体制和运行机制？

农村社区建设工作的管理体制是：党委和政府领导，民政部门牵头，有关部门配合，社区村委会主办，社会力量支持，群众广泛参与。

健全农村社区建设工作领导体制和运行机制，要做好以下几点：一是要积极构建领导责任机制。要坚持把农村社区建设工作作为重要议事日程，列入县市党委、政府经常性研究的重点议题，及时研究和解决重点难点问题，采取得力措施，不断提高工作水平。要将农村社区建设经费纳入政府年度财政预算，建立稳定可持续的资金投入机制。要按照科学发展观和正确政绩观的要求，把农村社区建设工作业绩作为考核领导干部政绩的重要内容，保证县乡政府和有关部门对农村社区建设的领导责任能够落到实处。二是要积极构建工作协调机制。县市要形成任务明确、责任到位、上下配合、相互协作的工作协调机制，乡镇和社区层面要建立议事协商机制、共驻共建机制。三是要积极构建基层组织勇于创新的机制。四是要积极构建社会参与机制。

本章案例

有理有据平事端

【典型案例】

××村的部分村民上访，声称环保局征收20多亩耕地修建污水处理池，但在补偿时，只给了青苗费，没有安置人员补偿费。

经查，这20亩耕地属村民自发开垦的河滩地，未计入过村民承包地面积，村民也未承担农业税。根据该省国土局印发的《确定土地权属关系若干政策的暂行规定》的规定，19××年（60条）公布后“四固定”未分配和确定给农民的林地、山地、草地、荒地、滩涂等土地属国家所有。因而村民所耕种的河滩地属国有土地，用地时不能按征收农村集体土地方式进行人员安置补偿。为解决这一问题，国土资源部门提出，对村民开垦的河滩地，除给予青苗补偿费外，还应参照市里鼓励合理开发荒山、荒滩，谁开发谁受益的原则，给予开荒者每亩2000元的开荒补助费。补偿标准提高后，村民接受了这一处理意见。

【案例解读】

这类案件看起来不难，但调解起来十分棘手。村民们很难理解，自己开垦的河滩地，种了 20 多年，怎么会成为国有土地。这就需要工作人员有较强的业务能力和政策水平，不仅要了解土地管理的法律法规，还要熟悉当地对于农村工作所制定的其他规定。

第3章 基层党组织与民主建设

1 党的基层组织设置是怎样的？其设置的原则是什么？

《党章》规定，党的基层组织，根据工作需要和党员人数，经上级党组织批准，分别设立党的基层委员会、总支部委员会、支部委员会。基层委员会由党员大会或代表大会选举产生，总支部委员会和支部委员会由党员大会选举产生，提出委员候选人要广泛征求党员和群众的意见。党的基层委员会每届任期3年至5年，总支部委员会、支部委员会每届任期2年或3年。基层委员会、总支部委员会、支部委员会的书记、副书记选举产生后，应报上级党组织批准。

《中国共产党农村基层组织工作条例》对农村基层党组织的设置、隶属关系和设置的原则提出了明确要求，基本内容如下：

（1）乡镇应当设立党的基层委员会。乡镇党委由党员大会或者党员代表大会选举产生。（2）有正式党员3名以上的村，应当成立党支部；不足3名的，可与邻近村联合成立党支部。党员人数超过50名的村，或党员人数虽不足50名，但村办企业具备成立党支部条件的村，因工作需要，可以成立党的总支部。党员人数100名以上的村，根据工作需要，经县级地方党委批准，可以成立党的基层委员会；村党委受乡镇党委领导。村党支部、总支部和党的基层委员会由党员大会选举产生。（3）县以上有关部门驻乡镇的单位，应当根据党员人数和工作需要建立党的基层组织。这些党组织，除中央另有规定的以外，受乡镇党委领导。（4）乡镇工作机构设置和人员配备，应当坚持精干高效、加强服务、密切联系群众的原则，严格执行上级的有关规定。村干部误工补贴人数和标准的确定，应当从实际出发，从严掌握。

2 农村党支部的工作重点应放在哪些方面？

农村党支部建设的成效，归根结底要体现在有利于更好地贯彻党的基本路线和党在农村的各项方针政策，有利于更好地促进农村经济的发展和社会的全面进步，实现党所提出来的建设社会主义新农村的任务。脱离经济建设这个中心，离开改革、发展、稳定的实践，孤立地抓党支部建设，不会收到好的效果；而忽视党支部建设，缺乏强有力的组织保证，经济建设也不可能搞上去。只有坚持围绕经济建设抓党支部建设，通过抓党支部建设促进经济建设，农村党支部建设工作才能坚持正确的方向，也才能从根本上得到加强和改进。因此，农村党支部必须毫不动摇地把工作重心放在经济建设上，实现农村经济的繁荣和振兴。

3 农村党支部的职责和任务有哪些？

农村党支部的主要职责和任务体现在以下几个方面：（1）贯彻执行党的路线、方针、政策和上级党组织及本村党员大会的决议。（2）讨论决定本村经济建设和社会发展中的重要问题。需由村民委员会、村民会议或集体经济组织决定的事情，由村民委员会、村民会议或集体经济组织依照法律和有关规定作出决定。（3）领导和推进村级民主选举、民主决策、民主管理、民主监督，支持和保障村民依法开展自治活动。领导村民委员会、村集体经济组织和共青团、妇代会、民兵等群众组织，支持和保证这些组织按照国家法律法规及各自章程充分行使职权。（4）搞好支部委员会的自身建设，对党员进行教育、管理和监督。（5）负责村、组干部和村办企业管理人员的教育管理和监督。（6）搞活本村的社会主义精神文明建设和社会治安、计划生育工作。

4 农村党支部经济建设的主要任务有哪些？

做好“三农”工作，是当前党和国家工作的重点。做好“三农”工作，一靠党和国家的惠农政策，二靠农村广大党员干部的积极努力。做好“三农”工作，需要农村物质文明建设、政治文明建设和精神文明建设同步发展，但基础是全面振兴农村经济。农村党支部要紧紧抓住发展农村、富裕农民、加强农业的有利机遇，在振兴农村经济上做大文章，出新思路，努力实现农村经济的健康、快速和稳定发展。

从当前看，农村党支部经济建设的主要任务有：第一，加强农业综合生产能力建设；第二，继续稳定和强化扶持发展农业政策；第三，继续实行最严格的耕地保护制度；第四，切实增加农民收入；第五，深化农业和农村经济结构调整等。

5 农村党支部如何为群众致富服务？

村党支部领导班子要牢固树立服务意识，努力为群众致富铺路搭桥。要牢记全心全意为人民服务的宗旨，全心全意为群众的幸福和富裕服务。

农村党支部为群众致富服务，需要做好以下几方面的工作：

首先，宣传党在农村的方针、政策，调动农民群众致富的积极性。党在农村的方针、政策，是强国富民的方针、政策，但有时有的群众并不能理解，有的甚至不能接受，这就需要党支部去做宣传解释工作，做好思想政治工作，帮助他们理解党的方针、政策，调动农民群众的生产积极性。

其次，是搞好决策服务。农村党支部是带领群众致富的领导核心，党支部要根据本地的实际情况，决定应开辟哪些致富门路，上哪些致富项目，采取哪些致富措施。只有决策正确，才能带领群众尽快富起来，如果决策失误，则会造成巨大损失。因此，党支部在作决策时，要深入调查研究，充分听取群众意见，作出切合实际的决策。

最后，做好协调服务。党支部要和其他村级组织、经济组织一起搞好产前、产中、产后的服务。这些服务涉及方方面面，党支部不可能代替其他组织的服务，而要做好思想政治工作，组织协调工作，把各个组织的服务功能协调起来，形成服务体系，更好地为农民群众致富服务。

6 什么是党员管理？

党员管理工作是党的建设的重要组成部分，是加强党的建设的基本途径之一，是实现党的政治路线的重要保证。党员管理是党组织按照党章和党内的有关规定，通过一定的方式和手段，使党员认真履行义务，正确行使权利的活动。具体工作是：根据党员数量、分布和流动情况，建立党的组织；对党员进行教育，对党员进行审查和鉴定，对过好党员组织生活进行监督、检查工作，整顿纪律，发挥党员的先锋模范作用，表彰优秀党员，对不合格党员进行严肃处理，清除党内腐败分子等。加强党员管理工作的最根本的目的，就是用党章规定的党员标准规范党员的言行，体现党的工人阶级先锋队性质对党员的要求。要通过党员管理提高党员素质，使党员的先锋模范作用得到发挥，使党的先进性得到体现，从而保证党的路线、方针、政策得以贯彻落实，保证党的各项任务能够顺利完成。党员管理为党的政治路线服务，具有特定的时代性。新时期的党员管理，以提高素质、增强党性为目标，把管理与教育、监督和服务结合起来。加强和改进党员教育管理工作，必须紧紧围绕党的基本路线对党员的先锋模范作用提出的新要求来开展，采取行之有效的形式，激励党员为建设富强民主文明和谐的社会主义现代化国家而努力奋斗。

7 党员管理的基本任务是什么?

按照党章规定和现代化建设的要求，新时期党支部进行党员管理的基本任务主要是:

第一，引导党员严格履行义务，保障党员充分行使权利。新时期党员的先进性主要体现在党员是否履行了党章规定的八项义务，自觉地做合格的党员。党员充分行使党章规定的党员权利，是党内民主的重要表现。党支部要认真落实《中国共产党党员权利保障条例》的各项规定，教育引导党员正确行使权利，并为党员行使权利创造必要的条件。

第二，组织党员参加党的活动。党章规定，党员的基本条件之一，就是“参加党的一个组织并在其中积极工作”。党支部对党员的日常管理，主要体现在组织党员参加党的活动上，如参加党的组织生活，按期交纳党费，接受党的教育和培训，完成党组织分配的工作等。只有这样，才能保证党的思想统一和组织统一，才能使党员不断增强党的观念，发挥先锋模范作用。

第三，严格党员组织关系和党籍管理。党员的组织关系是党员身份的证明，党籍是党员的资格，党员的工作变动是经常发生的，特别是在社会主义市场经济条件下，党员的流动日趋广泛、频繁，党员的思想情况、工作表现时有变化，对党员的管理必然是动态的。党员流动后，党支部要及时按规定办理转移组织关系的手续，党员凭组织关系参加党的组织生活，发挥先锋模范作用。党员如果丧失了党员资格，党支部应按规定对党员进行党籍处理。

第四，保持党员队伍的纯洁性。任何时候，党员队伍中都会有落伍者，在改革开放和经济体制的转变时期，这个问题显得更加突出。对于那些理想信念动摇，价值观念发生变化，其表现已经不具备党员条件的不合格党员，党支部应按照党章规定，根据党员的不同情况，分别采取措施进行严肃处理，以保证党员队伍的纯洁性。

8 党员管理的基本要求是什么?

新时期党支部对党员进行管理的基本要求是:

（1）把党员编入党的一个组织，使每个党员都置于党组织的约束监督之下。《党章》第8条规定:“每个党员，不论职务高低，都必须编入党的一个支部、小组或其他特定组织，参加党的组织生活，接受党内外群众的监督。”共产党是工人阶级的先锋队，同时是中国人民和中华民族的先锋队，要有严格的组织和纪律，这是马克思主义的一个基本建党原则。因此，党员必须参加党的一个组织，接受党内外群众的监督，必须参加所在支部的党员大会或党小组会。对党员来说，通过参加组织生活，可以接受党组织的教育，取得党员之间的互相帮助，得到锻炼，增强组织观念，提高思想觉悟和政治水平；可以在党组织和党内外群众的监督下，发扬优点，克服缺点，纠正错误。党员在组织生活会上，应认真负责地向党组织汇报自己的思想和工作。这项制度是加强党员管理，对党员进行批评监督，促进党员发挥先锋模范作用，提高党的战斗力的一项组织保证。

（2）加强党员管理，使党员自觉地执行党的决议，完成党组织分配的任务。经党员大会、党的代表大会或党的委员会集体讨论作出的决议，体现了党的利益和大多数党员的意志，全体党员必须贯彻执行。党员管理的一项经常性的任务就是要求每个党员无条件地执行党组织的决议，完成党组织分配的工作。只有这样，才能保证党在政治上、思想上、行动上的统一，才能带领群众完成党的各项任务。

（3）加强党员管理，使党员认真履行党员义务。每一个党员，都要认真履行党员义务，这是党员应尽的责任。党支部要把督促本支部的党员履行党章规定的党员义务作为党员管理的基本要求和内容，使党员强化党员意识，促使党员在改革开放和现代化建设中充分发挥先锋模范作用。

（4）加强党员管理，使党员正确行使党员权利。从根本上说，党章规定的党员权利，是保障党员从事党的事业、谋求党的利益的权利。党员在履行义务的同时，也必须享有一定的权利。这样才能巩固党的组织，提高党的战斗力，完成党的各项任务。因此，党支部要严格遵守《中国共产党党员权利保障条例》，保障党员正确行使权利。要克服只注意让党员履行义务，不尊重党章赋予的党员权利的倾向。

9　党支部怎样严格党的组织生活？

党的组织生活主要是指党员参加所在支部党员大会和党小组会，以及党员领导干部单独召开的民主生活会。严格党的组织生活，是按照从严治党的方针，加强对党员的教育、管理、监督和服务，保持党组织的先进性，充分发挥党员的先锋模范作用，加强对党员日常管理的主要途径。严格党的组织生活，党支部必须从以下几个方面做好工作：

（1）对党员进行严格遵守党的组织生活制度的教育，提高党员参加组织生活的自觉性。要使党员懂得严格党的组织生活的意义，使党员认识到，积极参加党的组织生活，自觉接受党组织的教育、管理、监督和服务是对党员的基本要求。不断增强党员的党性修养，提高党员参加党的组织生活的自觉性。（2）党的组织生活要坚持党性原则，不回避矛盾，开展积极的思想斗争，切实解决党内问题。（3）健全党的组织生活制度。凡是有利于严格党的组织生活的各项制度都必须逐步建立，并不断改进和完善。党员应当按时参加党的组织生活会，如确有正当原因不能参加，必须向党组织请假。

组织生活会要定期召开，支部委员会对党的组织生活会内容事先要认真研究，每次会议有一个中心议题，并在会前通知，使党员做好准备。组织生活会要增强政治性、思想性、原则性，要开展批评和自我批评；党支部对党员参加组织生活的情况要经常进行检查督促，发现党员无故不参加组织生活，要及时给予批评帮助。

10 党支部如何处置不合格党员？

处置不合格党员，是指对丧失党员条件、不发挥党员作用的党员进行组织处理，是保持党员队伍先进性。增强党组织战斗力的必要措施，是从严治党的重要内容。党支部处置不合格党员，要采取“坚持标准，立足教育，区别对待，综合治理”的方针。即要在广大党员中普遍进行坚持党员标准的教育，使每个党员懂得在新时期如何做一个合格共产党员，要在民主评议、听取群众意见的基础上，按党章和有关规定，对不合格党员区别不同情况作出处理。凡是不合格又不愿意改正的，应劝其退党，劝而不退的，予以除名；凡是本人要求退党的，应予批准。处置不合格党员要同整顿基层党组织结合起来，对那些因组织软弱涣散而产生的不合格党员，应先整顿组织，过一个时期再视情况处置不合格党员。处置不合格党员要同党员目标管理、“创先争优”等制度结合起来。处置不合格党员要注意严格坚持党员标准，坚持思想教育和组织处理并重，贯彻“惩前毖后，治病救人”的方针，严格掌握政策界限，实事求是，区别对待，严肃处置。

11　党组织对流动党员的基本要求是什么？

流动党员要认真履行党员义务，正确行使党员权利，在流入地参加党的日常组织生活，在正式组织关系所在党组织参加选举等重要活动，自觉接受流出地和流入地党组织的教育和管理，发挥先锋模范作用。

（1）外出前，应向所在党支部报告外出事由、时间、地点及联系方式，领取《流动党员活动证》。（2）凭《流动党员活动证》及时到流入地党组织报到，积极参加党的组织生活，按规定缴纳党费，完成党组织交给的任务。流动党员原则上应当按月缴纳党费，因外出地点变动频繁等原因按月缴纳确有困难的，可以按季缴纳。（3）主动与流出地党组织保持联系，每年至少向流出地党组织汇报一次外出期间思想、工作和参加党的组织生活情况。外出地点、就业单位、居住地和联系方式等发生变化时，应及时向流出地党组织和有关党组织报告。（4）外出返回后，及时将《流动党员活动证》交给流出地党组织查验，如实向党组织汇报外出期间的情况。

12 党员向党组织缴纳党费应注意哪些问题？

党费是指党员向党组织缴纳的用于党的事业和党的活动的经费。党员向党组织缴纳党费是一件严肃的事情，通常应按月亲自交给党支部或党小组，不宜由别人代交，也不能提前或数月一次性缴纳。除持《流动党员活动证》的党员应向现所在地或单位的党组织缴纳党费外，其他党员的正式组织关系在哪里，就向哪里的党组织缴纳党费。一般情况下，党员人数较多的支部，应由党员本人把党费交给党小组长，再由党小组长交给支部组织委员；在没有划分党小组的支部，由党员本人直接交给支部组织委员。党员如生病或年老体弱行动不便，或是外出时间较长等特殊情况，本人缴纳党费确有困难，经支部批准，可以提前缴纳党费，也可以请他人或家属转交。

13 党支部如何进行党费的收缴和管理？

党费收缴是党支部的一项重要工作，必须列入工作日程，认真做好。按期缴纳党费，是党员对党应尽的责任和义务，是党员关心党的事业的具体体现。它不仅可以为党的活动提供部分资金，更重要的是可以增强党员的组织观念，提高党员的政治觉悟。按照党章的规定，党员向党组织缴纳党费，是党员必须具备的起码条件。《党章》规定："党员如果没有正当理由，连续六个月不参加党的组织生活，或不交纳党费，或不做党所分配的工作，就被认为是自行脱党。支部大会应当决定把这样的党员除名，并报上级党组织批准。"预备党员应同正式党员一样按规定缴纳党费，并从支部大会通过他为预备党员之日起开始缴纳。

对党员缴纳党费的要求主要是三点：一是党员本人亲自缴纳，一般不允许别人代交。二是按期缴纳，一般按月缴纳。党员无正当理由连续六个月不缴纳党费，就被认为是自行脱党。三是按规定的标准缴纳，没有特殊情况和经过批准，不可以少交；自愿多交不限。

1. 党费缴纳标准

（1）按月领取工资的党员，每月以工资总额中相对固定的、经常性的工资收入（税后）为计算基数，按规定比例交纳党费。工资总额中相对固定的、经常性的工资收入包括：机关工作人员（不含工人）的职务工资、级别工资、津贴补贴；事业单位工作人员的岗位工资、薪级工资、绩效工资、津贴补贴；机关工人的岗位工资、技术等级（职务）工资、津贴补贴；企业人员工资收入中的固定部分（基本工资、岗位工资）和活的部分（奖金）。交纳党费的比例为：每月工资收入（税后）在3000元以下（含3000元）者，交纳月工资收入的0.5%；3000元以上至5000元（含5000元）者，交纳1%；5000元以上至10000元（含10000元）者，交纳1.5%；10000元以上者，交纳2%。（2）实行年薪制人员中的党员，每月以当月实际领取的薪酬收入为计算基数。交纳党费的比例同上。（3）不按月取得收入的个体经营者等人员中的党员，每月以个人上季度月平均纯收入为计算基数。交纳党费的比例同上。（4）离退休干部、职工中的党员，每月以实际领取的离退休费总额或养老金总额为计算基数，5000元以下（含5000元）的按0.5%交纳党费，5000元以上的按1%交纳党费。（5）农民党员每月交纳党费0.2～1元。（6）学生党员、下岗失业的党员、依靠抚恤或救济生活的党员、领取当地最低生活保障金的党员，每月交纳党费0.2元。（7）交纳党费确有困难的党员，经党支部研究，报上一级党委批准后，困难的党员可以少交或者免交。（8）预备党员从支部大会通过其为预备党员之日起交纳党费。（9）党员工资收入发生变化后，从按新工资标准领取工资的当月起，以新的工资收入为基数，按照规定比例交纳党费。

2. 党费管理和使用的基本要求

一是专人管理，一般由组织委员或党小组长专人负责；二是专立账目，及时统计，凭证收支，按月上缴；三是定期报告，定期检查；四是严格管理，专款专用。党费的使用范围，主要是用于党员教育费用的补充开支，购买党员政治理论学习资料，表彰先进党支部、优秀党员，对丧失劳动能力、有特殊困难的党员给予适当补助等。党支部使用党费应征得上级党组织同意，在规定的范围内开支。

14 什么是民主管理？村干部如何推进农村民主管理？

民主管理就是指村民依照一定的法规制度参与村级事务的管理，它是农村民主政治建设的重点。村民自治中的民主管理，主要体现在以下两个方面：一是通过村民会议或者村民代表会议，让村民就村内事务发表意见直接参与管理；二是依据党的方针政策和国家法律法规，结合本地实际，制定村规民约或者村民自治章程，让村民和村干部自我约束、自我教育、自我管理。实行民主管理，有利于发展农村基层民主，活跃农村基层民主生活，保障农民群众直接行使民主权利；有利于加强农村基层组织，充分调动广大农民群众的积极性和创造性；有利于提高各项工作的透明度，强化党员和群众对干部的监督，密切党群干群关系。

村干部要从以下几个方面推进农村民主管理：

第一，健全制度。制度是民主的保障。把民主管理制度化，是保证民主管理质量和效果的关键。要实行依法治村，从实际出发，经村民会议讨论，制定和完善村民自治章程，共同遵守。要健全村务公开制度，对涉及村民切身利益的事项和村民关心的事情，比如，财务账目、干部报酬、集体资产经营状况、村民宅基地审批和计划生育指标安排等情况，都要定期向村民公布。要实行民主理财制度，对村里收支账目进行审查监督。

第二，规范操作。农民群众对村内事务的关注程度越来越高：村里办的事情，想问个清楚；村里的收支，想弄个明白。村干部要顺应群众的这种愿望和要求，认真落实民主管理制度，让群众参与管自己的事。比如，民主理财，要选那些品行好、威望高、为人正派、处事公道、了解农村政策、有一定财务管理知识的人参加。要完善程序，年初、季初有计划，月底有审核，每季一公开。要明确责任，计划外数额较大的开支，要经村民理财小组讨论或村民会议、村民代表会议讨论研究。

第三，加强民主监督。民主管理与民主监督是统一的。既要按制度和程序办事，还要落实群众的监督。要把办事结果公开与事前、事中民主决策和民主监督结合起来，把内部监督与外部监督结合起来，保证民主管理的经常性和村务公开的真实性。

15 怎样发扬党内民主，发挥好广大党员的积极性、主动性和创造性？

农村党员是农村党组织的力量基础。发扬党内民主，有利于把全体党员凝聚在党组织周围，充分发挥他们的积极性、主动性和创造性，带领群众为全面建设小康社会努力奋斗。

发扬党内民主，需要：

第一，要维护党员权利。党章规定了党员的八项权利，《中国共产党党员权利保障条例》对保障党员权利作了明确规定。各级党组织一定要尊重和保护党员的权利。如果只要求党员尽义务，不让党员享有权利，党员就不可能发挥好作用。要保证党内正常的组织生活，应该让党员了解的，要及时组织党员传达学习；应该让党员明白的，要及时向党员介绍和通报；应该让党员参与的，要及时组织党员研究和讨论。对践踏党员民主权利的，要严肃查处。党员的权利得到维护，党员就会更加紧密地团结在党组织周围，积极维护党组织的领导，更好地完成党组织下达的各项任务。

第二，要拓宽党内民主渠道。农村党组织班子换届选举，要实行“两推一选”，由全体党员参与推选候选人预备人选，然后严格按照党内选举的规定，实行民主选举。农村发展党员，要实行“两推一公示”制度，由全体党员和村民代表推选入党积极分子，并在党员大会上认真讨论，听取每个党员的意见。发展对象在一定范围内公示。村里议事情，要坚持先党内后党外、先党员后群众的原则，实行民主科学决策，广泛听取党员的意见。要健全完善党员议事会、党员民主评议村干部制度，加强党内监督。要坚持和完善民主评议党员制度，积极开展丰富多彩的主题教育活动，引导和激励广大党员增强党性意识，发挥积极性、主动性和创造性。

16 农村思想政治工作的地位和作用是什么？

党的思想政治工作是经济工作和其他一切工作的生命线，是团结全党和全国各族人民实现党和国家各项任务的中心环节，是我们党和社会主义国家的重要政治优势。

（1）农村思想政治工作是经济工作和其他一切工作的生命线。党的历史证明，思想政治工作在党的革命和建设事业中始终居于极其重要的地位，发挥着巨大的作用，是经济工作和其他一切工作的生命线。在新的历史条件下，思想政治工作的引导和保证作用，主要表现在四个方面：一是保证经济工作和其他一切工作的社会主义方向；二是通过正确处理各种不同的思想认识问题和各种社会矛盾，调动人们的积极性、创造性，为经济建设、改革开放和其他各项工作提供一个良好的社会环境；三是保证党的基本路线和方针政策的贯彻执行；四是教育、引导人们防止和克服各种腐朽思想和不良倾向的影响，推动社会主义物质文明、政治文明和精神文明建设的协调发展。落实党在农村的各项方针政策，推进农村各项工作的开展，带领农民群众奔小康，同样离不开思想政治工作这条生命线的作用。

（2）思想政治工作是团结农村党员干部和群众齐心协力奔小康的中心环节。只有充分发挥思想政治工作统一思想、凝聚力量、振奋精神、鼓舞士气的巨大作用，才能把全党和全国各族人民团结起来，把社会各方面的力量凝聚起来，为实现党和国家的各项任务，为建设中国特色社会主义而努力奋斗。新世纪、新时期，随着改革开放和社会主义现代化建设的进一步推进和社会主义市场经济体制的逐步建立，思想政治领域出现了一些新情况、新问题，必须通过加强思想政治工作来加以解决。实践证明，越是改革开放、发展社会主义市场经济，越是要加强思想政治工作。只有这样，才能顺利推进中国特色社会主义伟大事业。

（3）农村思想政治工作是实现党对农村经济和社会发展有效领导的需要。加强思想政治工作是实现党的领导的一个重要途径，是坚持和改善党的领导的基础性环节。在新世纪、新时期，思想政治工作依然是我们党团结一致、迎接挑战、克服困难、夺取胜利的优良传统和政治优势。只有充分发挥思想政治工作这一重要政治优势，才能保证经济工作和其他工作的正确发展方向，才能保证党的路线方针政策落到实处，才能及时排除和战胜各种错误的干扰，才能巩固和发展全国各族人民的大团结，从而为全面建设小康社会、推进中国特色社会主义现代化提供强大的动力与保证。

（4）加强思想政治工作，才能保证我们党始终代表中国先进文化前进方向。在当代中国，发展先进文化，就是发展面向现代化、面向世界、面向未来的，民族的科学的大众的社会主义文化，以不断丰富人们的精神世界，增强人们的精神力量。发展农村先进文化的根本目的就是要培育“四有”新型农民，满足农民多层次的精神文化需求，促进农民群众的素质提高和全面发展。而要实现这些目标，思想政治工作是贯彻其中的灵魂。

17 党的思想政治工作的原则是什么？

思想政治工作的原则是思想政治工作必须遵循的基本准则和基本要求，是思想政治工作经验的科学总结。党的思想政治工作需要坚持以下原则：

（1）坚持从实际出发，增强针对性和实效性。思想政治工作必须紧密结合干部、群众的思想实践，有的放矢，对症下药，不能照本宣科，空喊口号。要针对干部群众思想上存在的各种热点、难点问题和种种疑虑、困惑，认真分析其产生的原因，深入细致地开展工作。思想政治工作要注意讲求实际效果，力求做到生动活泼、群众喜闻乐见，切忌形式主义、教条主义，切忌简单生硬。（2）思想政治工作与经济工作相结合的原则。现实生活中，政治与经济是分不开的。人们的思想问题，往往是在各项工作中产生并通过各种活动表现出来的。思想政治工作只有渗透到经济工作和其他业务工作的各个环节中去，才能及时把握群众的思想脉搏，找到化解矛盾的办法，避免流于形式或空谈。（3）思想政治工作与物质利益相结合的原则。物质利益是产生思想问题的重要原因，关心和保护群众的物质利益，使他们的生活不断改善和提高，是农村基层党组织的重要职责。这项工作做好了，就可以大大减少思想问题的产生。许多思想问题的解决，有待于物质利益问题的解决。但我们讲的利益导向，是引导人们在政策和法律允许的范围内积极创造自己应得的利益，而不是拜金主义的利益至上论。在思想政治工作中既不能搞“精神万能”，也不能搞“金钱万能”，必须把物质鼓励同精神鼓励结合起来，把解决实际问题同解决思想问题结合起来。（4）发扬民主与正确指导相结合的原则。在思想政治工作中，教育者与被教育者之间是平等的关系。教育者必须具有民主精神、民主作风并采用民主的方法。发扬民主并不等于放任自流。我们所说的民主，是集中指导下的民主。对于群众中的不正确思想，要正确引导，要把民主与集中很好地结合起来，把平等交流与正确引导结合起来。（5）说服教育与严格管理相结合的原则。高尚思想道德的培养，良好社会风尚的形成，既要靠耐心细致的思想教育，又要靠严格、科学、规范的管理。思想教育可以提高人们的思想道德素质，指导人的行为；严格管理则通过规章制度规范人们的行为，养成良好习惯。二者都是维护社会秩序、规范人们行为的重要手段，它们相互结合、相得益彰。（6）解决思想问题同解决实际问题相结合的原则。思想政治工作不仅要务虚，更要务实，即在解决群众思想问题的同时，还要帮助他们解决工作和生活中存在的实际困难。

只有这样，思想政治工作才能取得良好的效果。对于群众提出的问题，凡是合理的要求，我们要认真对待，分批分期地加以解决；对于不能解决的问题，要讲清道理，取得群众的理解和谅解。（7）身教与言教相结合的原则。思想政治工作者应当处处以身作则，以身教取得群众的信任和拥护。这样，思想政治工作才具有强大的说服力和感染力。（8）表扬与批评相结合的原则。思想政治工作要适时开展表扬和批评，激发人的内在积极因素，克服消极因素。

18 农村思想政治工作的主要内容是什么？

农村思想政治工作，既有一般思想政治工作的共性，也有自己的个性。在具体内容上，要结合农民思想实际，突出抓好以下几个方面的教育：

（1）深入进行中国特色社会主义理论和党的基本路线教育。把用邓小平理论、“三个代表”重要思想和科学发展观武装全党，教育干部和人民作为思想政治工作的重要任务，广泛进行党的基本路线和基本纲领教育，进行爱国主义、集体主义、社会主义和艰苦奋斗精神的教育。要密切联系改革、建设中的理论和实践问题，增强思想政治工作的针对性和实际效果，使广大干部群众更加自觉地贯彻执行党的基本理论和基本路线。

（2）加强形势政策教育。深入进行国际国内形势教育，引导干部群众了解改革开放和社会主义现代化建设中的有利条件和不利因素，在形势好的时候看到问题，不盲目乐观；在遇到困难挫折的时候看到光明，不悲观失望。通过教育，增强人民群众克服困难的信心，树立改革必胜的信念。

（3）加强马克思主义唯物论和无神论教育，以及科学知识、科学思想、科学方法和科学精神教育。引导人们掌握科学的世界观和方法论，引导人们划清唯物论与唯心论、无神论与有神论、科学与迷信、文明与愚昧的界限，增强人们识别和抵制唯心主义、封建迷信及各种伪科学的能力。普及与群众日常生活密切相关的自然科学、医疗卫生、科学健身和生老病死等方面的知识，帮助人们掌握科学思想和科学方法，努力在全社会形成爱科学、学科学、用科学的风尚。

（4）加强社会主义市场经济知识教育。教育引导人们树立与新形势要求相适应的思想观念，增强改革开放意识、市场意识、竞争意识、风险意识、民主法制意识、科学意识、可持续发展意识。普及社会主义市场经济知识，帮助人们学习掌握发展市场经济的本领，克服和消除市场经济给人们心理和思想所带来的负面影响，提高人们在社会主义市场经济条件下的自我调节能力和适应能力。

（5）加强民主法制和维护社会稳定的教育。要坚持不懈地加强民主法制教育，普及宪法和法律知识，引导人们增强法制观念，依法办事、遵纪守法，不参加非法组织，不参与危害社会公共秩序的活动，坚决同一切违法行为作斗争。教育领导干部带头学法、守法，做到依法行政、依法管理。要使广大干部充分认识到，进行现代化建设必须有一个团结稳定的社会环境，稳定压倒一切，没有稳定什么事情都干不成，自觉维护改革发展稳定的大局。

（6）加强社会公德、职业道德和家庭美德教育。全面贯彻落实公民道德建设实施纲要，以为人民服务为核心、以集体主义为原则、以诚实守信为重点，加强社会公德、职业道德和家庭美德教育，引导人们在遵守基本行为准则的基础上，追求更高的思想道德目标。引导广大干部群众遵守道德准则，提高道德素质，在社会做一个好公民，在单位做一个好职工，在家庭做一个好成员。

19 什么是民主评议党员制度？

民主评议党员制度是党支部按照有关规定，定期组织党员开展民主评议的一种制度；是在新形势下，根据从严治党的方针，把党员教育、管理、监督和服务融为一体，加强党的建设的一项重要制度。它要在党委领导下，以支部为单位有步骤地进行。

民主评议党员要在党委领导下，以支部为单位每年进行一次，按照党章规定的党员条件对全体党员进行做新时期合格共产党员的教育，通过对党员的正面教育、自我教育和党内外群众的评议，以及党组织的考核，检查和评价每个党员在坚持党的基本路线的实践中，在改革开放和三个文明建设中发挥先锋模范作用的情况，并通过组织措施，达到激励党员、纯洁组织、整顿队伍的目的。

建立民主评议党员制度，是从严治党、提高党员素质的一项重要措施，是通过制度建设，加强对党员进行经常性教育、管理和监督的有效方法；目的是通过对全体党员进行做新时期合格共产党员的教育，通过民主评议和组织考察，检查和评价党员在改革开放和现代化建设中发挥先锋模范作用的情况，表彰优秀党员，妥善处理不合格党员，从而提高党员队伍的整体素质，保持党组织的先进性，增强党组织的凝聚力和战斗力。

20 党支部进行民主评议党员的基本内容是什么？

党支部进行民主评议党员要依据党章规定的党员条件来进行。具体的评议内容应根据当前形势和党的任务对党员的要求，根据现阶段党员先锋模范作用的要求和特点来确定和调整。一般来说，民主评议的基本内容包括：

（1）是否具有坚定的共产主义信念，能否坚持四项基本原则，坚持改革开放，把实现现阶段的共同理想同脚踏实地做好本职工作结合起来，全心全意为人民服务。（2）是否坚决贯彻执行党在社会主义初级阶段的基本路线和各项方针、政策，在政治上同党中央保持一致，为推动生产力的发展和社会主义精神文明建设作出贡献。（3）是否站在改革开放的前列，维护改革的大局，正确处理国家、集体、个人利益之间的关系，做到个人利益服从党和人民的利益，局部利益服从整体利益。（4）是否坚决执行党的决议，严守党纪、政纪、国法，坚决做到令行禁止。（5）是否密切联系群众，关心群众疾苦，艰苦奋斗，廉洁奉公，自觉维护人民的利益。

21 哪些村务事项应实行民主决策？

凡是与农民群众切身利益密切相关的事项，如村集体的土地承包和租赁、集体企业改制、集体举债、集体资产处置、村干部报酬、村公益事业的经费筹集方案等，都要实行民主决策，不能由个人或少数人决定。村民委员会的设立、撤并、范围调整，由乡级人民政府提出意见后，必须经村民会议讨论同意，并报县级人民政府批准。集体经济已实行股份制或股份合作制改革的村，要按照改革后的有关要求进行民主决策和民主监督。村级民主决策的事项要符合党的方针政策和国家法律法规，不得有侵犯村民人身权利、民主权利和合法财产权利的内容。

22 如何进行村民民主理财?

村民民主理财由村民民主理财小组代表村民进行，民主理财小组成员由村民会议或村民代表会议从村务公开监督小组成员中推选产生。民主理财小组向村民会议或村民代表会议负责并报告工作。民主理财小组负责对本村集体财务活动进行民主监督，参与制订本村集体的财务计划和各项财务管理制度，有权检查、审核财务账目及相关的经济活动事项，有权否决不合理开支。当事人对否决有异议的，可提交村民会议或村民代表会议讨论决定。村民有权对本村集体的财务账目提出质疑，有权委托民主理财小组查阅、审核财务账目，有权要求有关当事人对财务问题作出解释。

本章案例

河北青县探索出村民民主管理的“青县模式”

【典型案例】

河北青县探索推行了党组织领导下的农村民主治理新模式，运行机制是“党支部领导、村代会做主、村委会办事”，其核心内容是把村民代表会议建成常设议事机构，在村民大会授权后行使村务的决策权和监督权，并被称为“青县模式”。

其具体做法是：

（1）村治结构。村民代表会议设立主席。党支部是领导核心，村民代表会议是决策、监督机构，村委会是村务管理执行机构，执行村民代表会议的决策，村民代表会议由虚变实。

（2）工作方法。改善和加强党的领导，党支部抓大放小，党支部由过去管财管物的行政式、事务性领导转变到谋全局、把方向、管民心上来。

（3）保障机制。村党组织领导村民代表会议发挥好对村委会的监督职能，督促村委会依法规范管理村务，对造成重大工作失误或不称职的村委会成员，通过村民代表会议罢免建议，依法罢免。

（4）运作机制。把村治工作纳入法制化、制度化、规范化轨道，克服村治工作中的随意性。通过建立各组织的工作规则，明确各自职责和办事程序，使村务管理有章可循、规范有序。

【案例解读】

在新农村建设中，管理民主是保障。村务公开、民主管理是最基本的两个方面，中央对此是十分重视的。推进村民民主管理，需要重点抓两项工作，一是要改革村级组织体制，要充分尊重基层创新，大胆突破，在这方面，除了青县的设立村民代表会议主席外，还可以借鉴浙江武义县探索的村民监督委员会新型村级组织构架，形成一种权力制衡机制。二是要创新民主管理的机制，不仅要学习借鉴全国各地的先进经验，最重要的是要把成功的经验制度化，建立健全基层民主管理的制度框架。

第4章

农村社会保障与管理

1 农村社会保障包括哪些内容?

我国农村社会保障制度主要包括四个方面的内容:

（1）农村社会保险。这是农村社会保障的核心，是较高层次的社会保障，包括养老、医疗、失业、工伤和计划生育等许多方面。现阶段，我国农民最迫切需要的社会保险主要是养老保险和医疗保险。

（2）农村社会救助。农村社会救助制度是国家及各种社会群体运用掌握的资金、实物、服务等手段，通过一定机构和专业人员，向农村中无生活来源、丧失工作能力者，向生活在“贫困线”或最低生活标准以下的个人和家庭，向农村中一时遭受严重自然灾害和不幸事故的遇难者，实施的一种社会保障制度，以使受救助者能继续生存下去。农村社会救助制度包括农村社会互助和农村社会救济两个方面。农村社会救济的对象主要是五保户、贫困户、残疾人以及其他困难群众。

（3）农村社会福利。农村社会福利是指为农村特殊对象和社区居民提供除社会救济和社会保险外的保障措施与公益性事业服务，其主要任务是保障孤、寡、老、弱、病、残者的基本生活，同时对这些特困群体提供生活方面的上门服务，并开展娱乐、康复等活动，逐步提高其生活水平。

（4）农村社会优抚。农村社会优抚是指优待、抚恤和安置农村退伍军人，以及对农村从军家属给予物质精神方面的补助。农村社会优抚是一项特殊的保障，已列入国家整个社会保障体系之中。

2 被征地农民享有哪些社会保障?

被征地农民是我国城市化和工业化进程中产生的一个特殊群体，数量庞大，据预测，2020年我国被征地农民总数将超过1亿人。他们也是农民中的特殊群体，不仅失去土地，同时也失去了附着于土地的一系列权益，而替代性的社会保障体系还没有建立，尚处于探索阶段，如生活、就业、养老、医疗等一系列问题都亟待解决。

目前，我国没有而且也不可能建立全国统一的被征地农民社会保障制度安排，但各地根据中央政策和地方实际进行了有益的探索和尝试，重点解决两个方面的问题：一方面，从扩大资金来源出发，重点解决土地补偿标准偏低的问题。通过提高土地补偿标准和多样化的安置方式等来解决失地农民目前的生活问题。另一方面，也要通过社会保障等制度安排，长远地解决失地农民的生活问题。

3 什么是新型农村社会养老保险?

国家政府为了统筹城乡发展，提高人民生活水平，逐步消除城乡差别，实现城乡共享社会经济发展成果，保障人人老有所养，在解决老农保制度“集体补助落空，政府财政支持和保发放缺位，保障水平低，保障机制弱”以及不适应人员流动、户籍变迁、老龄化保障等诸多问题，以现行企业职工基本养老保险制度为基本模式，在个人缴费，集体补助，政府补贴保发放的基本原则下，以国家政府为主体建立起“保基本、多档次、广覆盖、相衔接、可持续”的新型农村社会养老保险制度。新型农村社会养老保险由政府主导实施，劳动保障部门主管，农保经办机构经办。参保人员在按规定履行缴费义务，年龄达到男 60 周岁、女 55 周岁及以上、缴费满 15 年及以上的，可按月享受养老金待遇到死亡，待遇还将适时调整提高，死亡后可获得丧葬费和抚恤金。

新型农村社会养老保险之所以被称为新农保，是相对于以前各地开展的农村养老保险而言。过去的老农保主要是农民自己缴费，实际上是自我储蓄的模式，而新农保最大的特点是采取个人缴费、集体补助和政府补贴相结合的模式，有三个筹资渠道。它是继农业税取消、农业直补、新型农村合作医疗等一系列惠农政策之后的又一项重大的惠农政策。

4 参加新农保的条件和范围有哪些？

年龄在 16 周岁以上，具有本县常住户籍、未参加企业职工基本养老保险的农村居民，按自愿和不重复参保原则属地申请参保（现役军人、在校学生和在职未参保职工除外）。符合条件的城镇居民，本人自愿也可参加新农保。

5 怎样参加新农保并缴纳养老保险费？

（1）新参保人员，持本人户口本、身份证原件及复印件、近期一寸免冠照片 2 张到乡镇就业和社会保障服务中心办理参保手续。缴费以缴费时上一年全省在岗职工平均工资的 10%~100% 自主选择缴费基数，费率为 20%，8% 记入个人账户积累，并按国家公布利率计息。

（2）对续保缴费至男 60 周岁、女 55 周岁不足 15 年缴费年限的大龄人员，可按缴费时上一年全省在岗职工平均工资的自选缴费基数一次性补缴不足年限养老保险费。对男年满 60 周岁、女年满 55 周岁以上年龄人员参保，一次性缴费满 15 年即可享受养老金待遇。

（3）参保人员应按年足额缴费续保，出现断保情况均按实际补费时上一年全省在岗职工平均工资自选缴费基数补断保年限养老保险费。为预防断保，经济条件允许，可实行向以后年限趸缴，来年予以结算。

6 农村户口养老保险缴费标准是怎样的？

参加新农村社会养老保险的农村居民应当按照相关规定来缴纳养老保险费。缴费标准目前设为每年 500 元、700 元、900 元、1100 元、1300 元、1500 元、1700 元、1900 元、2100 元、2300 元、2800 元、3300 元 12 个档次，地方也可以根据实际情况进行调整，增设另外的缴费档次。参加保险的居民可以根据上述档次自行自由选择，多缴则多得。国家也会依据农村居民的人均收入增长的情况适当调整缴费的档次。

7 农村户口养老保险养老金如何计发？

（1）养老金由两部分组成，一是基础养老金领取额，二是个人账户养老金月领取额。中央确定的基础养老金标准为每人每月55元。地方政府可以根据实际情况提高基础养老金标准，对于长期缴费的农村居民，可适当加发基础养老金，提高和加发部分的资金由地方政府支出。（2）个人账户养老金的月计发标准为个人账户全部储存额除以139（与现行城镇职工基本养老保险个人账户养老金计发系数相同）。参保人死亡，个人账户中的资金余额，除政府补贴外，可以依法继承。（3）政府补贴余额用于继续支付其他参保人的养老金。

8 被征地农民如何参加养老保险？

（1）保障对象。①在城镇规划区内和城镇规划区外的独立矿区、国家重点项目建设区范围内，由当地国土资源部门统一征地。根据《农村土地承包法》的有关规定，被征地时享有第二轮土地承包权，被征地后人均农业用地不足以维持基本生活的农民纳入保障范围。②具体保障人员经村（居）民大会或村（居）民代表大会讨论通过后，由乡镇政府（街道办事处）核准确定。③被征地时未满18周岁的人员，不参加被征地农民养老保险。④已参加城镇职工基本养老保险的农民，不再参加被征地农民养老保险。

（2）养老待遇：①开始领取养老金年龄为男满60周岁、女满55周岁。②按规定交足养老保险费的被征地农民，达到领取年龄的次月开始按月领取养老金，直至身亡为止。被征地时已达到领取年龄的人员，一次性缴清养老保险费后次月开始按月领取养老金。参保缴费时未达到领取年龄的人员，年龄每相差一岁，达到领取年龄时，养老金领取标准增加2.5%。③养老金由农村社会养老保险经办机构负责通过邮局、银行等社会化发放渠道按时足额发给参保者本人。④养老金待遇水平不低于当地城镇居民最低生活保障标准，根据当地城镇居民最低生活保障标准的变动适时调整。调整方案由县（市、区）劳动保障部门会同有关部门制定，报县（市、区）政府批准后公布执行。⑤参保人迁往外地定居，可将养老保险关系留在本地，也可退出被征地农民养老保险。⑥被征地农民在城镇各类企业就业，企业应为其办理城镇企业职工基本养老保险。参加被征地农民养老保险后又参加城镇职工基本养老保险的人员，可退出被征地农民养老保险，也可经新就业企业的年金理事会同意，将参保资金转入企业年金。⑦建立被征地农民养老保险制度前，已参加农村社会养老保险的被征地农民，原个人账户不变，达到领取年龄后，相应的养老金领取额可与参加被征地农民养老保险应享受的领取额合并，统一发放。也可退出原农村社会养老保险，只参加被征地农民养老保险。⑧参保人员死亡，其个人账户本息余额一次性结清，由其法定继承人或指定受益人继承。无继承人或指定受益人的，按月领养老金标准的两个月计发丧葬费。⑨参保人员退出被征地农民养老保险，其个人账户本息余额一次性退还本人。

9 村干部如何参加农村社会养老保险?

乡、村干部参加农村社会养老保险的范围、对象是:全省乡镇、街道办事处非城镇户口以农代干干部,即乡、镇、街道办事处各行各业招聘干部、合同制干部、职工;村民委员会主任、党支部书记、村民小组组长、会计、出纳等人员。乡、村干部养老保险实施时应以乡、镇、村分别确定投保单位,坚持以个人缴费与集体补助相结合的原则,建立乡、村干部个人保险号码,个人缴费与集体补助分别记账在乡、村干部个人名下。对乡、村干部参加农村社会养老保险要给予适当比例的补助。补助要结合乡、村经济积累状况和乡、村干部工作年限、任职时间长短、贡献大小区别对待。凡是已实行乡、村干部退休金办法的,要开始向社会养老保险制度过渡,按照养老保险投保缴费的档次和标准,将退休金转交养老保险机构,办理投保手续。农村社会养老保险让村干部们感觉到只要为村里作了贡献,老了就无后顾之忧,农村基层干部队伍的工作积极性就被调动起来了,也不会担心后继无人了。落实农村基层干部参加养老保险的政策,等于给村干部吃了定心丸。

10 因缴纳养老保险费或养老保险问题发生争议,将如何处理?

根据有关规定,劳动者有两种途径维护自己的合法权益:一种途径是通过行政仲裁。劳动者与单位之间因缴纳养老保险费发生争议以及劳动者或者单位与承办机构因养老保险问题发生争议的，可以向县劳动局申请仲裁。另外一种途径是通过民事诉讼。劳动者可以依照法律规定，向人民法院提起诉讼解决双方的争议。承办机构对双方的缴费情况实行检查监督机制。承办机构可以定期或者不定期地对养老保险费的缴纳情况进行检查，对逾期缴纳养老保险费的单位，按照滞交天数每天增收2%滞纳金。滞纳金收入归入养老保险基金。若通过裁决发现该单位确有不交、漏交或者少交养老保险费的情况，由县劳动局责令其限期缴纳。逾期仍不缴纳的，县劳动局可处以未缴纳金额 1~2 倍的罚款。假如个人不按照规定缴纳养老保险费，不能享受养老保险待遇或者其他养老待遇；少缴纳养老保险费的，则相应扣减单位缴纳养老保险费计入个人养老保险账户的部分。

11　什么是新农合？参加新农合遵循什么原则？

新型农村合作医疗（简称新农合），是指由政府组织、引导、支持，农民自愿参加，个人、集体和政府多方筹资，以大病统筹为主的农民医疗互助共济制度。新农合制度是国家为解决农村居民看病就医问题而建立的一项基本医疗保障制度。从 2003 年起，在各省、自治区、直辖市选择部分县（市）进行先行试点，在取得经验后再逐步推开，以实现在全国建立基本覆盖农村居民的新型农村合作医疗制度的目标，减轻农民因疾病带来的经济负担，提高农民健康水平。

按照《国务院办公厅转发卫生部等部门关于建立新型农村合作医疗制度意见的通知》（国办发〔2003〕3 号）和卫生部《关于规范新型农村合作医疗健康体检工作的意见》等规定，新农合遵循以下原则：以户为单位自愿参加，多方筹资；以收定支，保障适度；先行试点，逐步推广；大病统筹；预防为主。

（1）农民自愿参加，多方筹资。农民以家庭为单位自愿参加新农合，遵守有关规章制度，按时足额缴纳合作医疗经费；乡（镇）、村集体要给予资金扶持；中央和地方各级财政每年要安排一定专项资金予以支持。参加新农合与否，是农民的自主选择，任何人不得强迫。

（2）以收定支，保障适度。新农合要坚持以收定支，收支平衡的原则，既保证这项制度持续有效运行，又使农民能够享有最基本的医疗服务。

（3）先行试点，逐步推广。建立新农合必须从实际出发，通过试点总结经验，不断完善，稳步发展。要随着农村社会经济的发展和农民收入的增加，逐步提高新农合的社会化程度和抗风险能力。国家卫生和计划生育委员会公报显示，新型农村合作医疗领域，截至2013年底，全国有2489个县（市、区）开展了新型农村合作医疗，参合人口数达8.02亿人，参合率为98.7%。

（4）大病统筹的原则。新农合明确县级大病统筹，主要解决农民看病难、难看病的问题，因此，主要以对大病和住院者大额医疗费的补偿为主，也包括门诊治疗的大额费用。

（5）预防为主的原则。承担新农合健康体检的医疗机构要为新农合体检对象建立健康档案，并逐步建立健康体检管理信息系统，提供免费健康档案查阅和健康咨询；要科学管理和合理利用农民健康档案，对体检中发现的高血压、糖尿病等慢性病进行专案管理，达到早期发现疾病并进行干预的目的，从而提高农民健康水平。反之，提高农民健康水平，也可减少新农合基金支出，促进新农合的良性发展。

12 参加新农合的农民要缴多少费用？

根据《关于做好2015年新型农村合作医疗工作的通知》的规定，2015年，各级财政对新农合的人均补助标准在2014年的基础上提高60元，达到380元，其中：中央财政对120元部分的补助标准不变，对260元部分按照西部地区80%、中部地区60%的比例进行补助，对东部地区各省份分别按一定比例补助。农民个人缴费标准在2014年的基础上提高30元，全国平均个人缴费标准达到每人每年120元左右。积极探索建立与经济发展水平和农民收入状况相适应的筹资机制，逐步缩小城乡基本医保制度筹资水平差距。

13 新农合报销比例是怎样的？

新农合的报销主要可以分为门诊报销、住院报销和大病报销三类，三类报销比例如下：

（1）2016年新农合门诊报销比例：①村卫生室、卫生所报销比例60%。②镇卫生院报销比例40%。③二级医院报销比例30%。④三级医院报销比例20%。⑤镇级合作医疗门诊报销限额5000元/年。

（2）2016年新农合住院报销比例：①心脑电图、X光透视、拍片、化验、理疗、针灸、CT、核磁共振等辅助检查项目限额报销200元。②手术费起付线1000元内按照国家标准报销，超过 1000 元按照 1000 元报销。③ 60 岁以上老年人住院治疗费及护理费每天可报销 10 元，限额 200 元。④各级医院报销比例为：镇卫生院报销 60%；二级医院报销 40%；三级医院报销 30%。

（3）2016 年新农合大病报销比例：①门诊统筹乡、村补助比例分别提高到 65%、75%。②一级医疗机构住院费用在 400 元以下者，不设起付线。③二级医疗机构补助比例提高到 75% ~ 80%。④三级医疗机构补助比例提高到 55% ~ 60%。⑤省三级医疗机构补助比例提高到 55%。⑥儿童先心病等 8 种大病新农合补助病种定额的 70%，肺癌等 12 种大病，新农合补助病种定额力争达到 70%。

14 新农合报销范围有哪些？

参加新农合的农民，凡在定点医疗机构门诊、住院的，都可获得新农合报销，其报销范围主要包括药物报销、检查费用报销、床位费报销等。以药物报销为例，甲类药物基本可以报销，部分乙类药物可报销，丙类药物不能报销；以住院报销为例，住院床位费或门（急）诊留观床位费也是可以报销的。不过需要注意的是，以下内容不在新农合的报销范围内：

（1）自购药品费。（2）超出《省新型农村合作医疗基本药物目录》的药品费用。（3）挂号费、门诊病历工本费、出诊费、中药煎药费、救护车费、陪客床位费、包床费、特护费、会诊费、空调（含取暖）费、电视费、电话费、个人生活料理费、护工费等。（4）非基本医疗（指特需门诊、专家门诊、床位费超过35元/日、医学美容、家庭病床等）的费用。（5）打架斗殴、酗酒、吸毒、戒毒、性病、工伤及从事劳务过程中所受伤害、交通事故、故意自伤自残、非生产性农药中毒、职业中毒、医疗事故、违法违纪和他人原因引发的医药费用。（6）流引产。（7）各种整容、矫形、减肥、纠正生理缺陷和各种保健、预防性诊疗项目及药品费用。（8）进行器官、组织移植、安装人工器官所需购买器官或组织的费用。（9）未经物价和卫生部门批准的医疗服务、检查、治疗项目，以及擅自抬高收费标准所发生的一切费用。（10）有挂名不住院或冒名顶替住院等欺诈的医药费用。

另外包括已获得城镇职工基本医疗保险和城镇居民基本医疗保险补偿以及其他基本医疗保险补偿的；境外发生的医药费用；新型农村合作医疗其他规定的。

15　农村医疗救助服务具体包括哪些内容？

农村医疗救助服务包括如下几个层次：（1）开展新型农村合作医疗的地区，由农村合作医疗定点卫生医疗机构提供医疗救助服务；尚未开展新型农村合作医疗的地区，由救助对象户口所在地乡卫生院和县级医院等提供医疗救助服务。（2）提供医疗救助服务的卫生医疗机构等应在规定范围内，按照本地合作医疗或医疗保险用药目录、诊疗项目目录及医疗服务设施目录，为医疗救助对象提供医疗服务。（3）遇到疑难重症需转到非指定医疗卫生机构就诊时，要按当地医疗救助的有关规定办理转院手续。（4）承担医疗救助的医疗卫生机构要完善并落实各种诊疗规范和管理制度，保证服务质量，控制医疗费用。北京市规定，农村低保对象享受由户籍所在地区县政府出资资助参加农村合作医疗，并按当地有关规定报销相关医疗费用。当农村医疗救助对象患病时，持本人身份证和北京市农村居民最低生活保障金领取证或生活困难补助金领取证，在户籍所在地乡镇卫生院或同级卫生服务机构门诊就医，可享受减收基本手术费和大型设备检查费的20%、普通住院床位费的50%等优惠，以及当地农村合作医疗规定的有关减免政策。其他诊疗和医药费用按50%比例支付，不包含本市医疗保险制度规定的自费项目，其余50%的门诊医疗费用由医疗卫生机构按每年不低于当地当年农村低保标准50%的比例垫付，具体垫付额度由各区、县根据实际情况自行制定。当农村医疗救助对象患危重病住院治疗时，除享受农村合作医疗报销待遇外，本年度内个人负担医疗费用累计超过500元的，可以申请享受医疗补助。医疗救助额度按个人负担医疗费用的50%支付，全年累计不超过1万元。另外，农村五保对象患病就医费用，经农村合作医疗报销后的其他部分，实报实销。农村医疗救助对象享受以上待遇后，个人负担的医疗费用依然过重，且影响家庭基本生活的，可申请享受一次性临时救助。特别是患有严重精神类疾病并需长期服药治疗的医疗救助对象，年度内个人负担500元医疗费用确有困难的，可加大救助比例。农村低保范围以外的相对困难家庭成员因患病，如恶性肿瘤、尿毒症等特殊病种，在享受现有农村合作医疗待遇后，仍因个人负担过重而影响家庭生活的，可持就医证明和医药费单据，向户口所在地乡镇医疗救助机构书面申请享受一次性临时救助。

16 如何申请农村医疗救助?

根据国家有关规定，医疗救助实行属地化管理原则。申请程序如下:

第一步，申请人要向村民委员会提出书面申请，填写申请表，如实提供医疗诊断书、医疗费用收据、必要的病史材料、已参加合作医疗按规定领取的合作医疗补助证、社会互助帮困情况证明等，经村民代表会议评议同意后，报乡镇人民政府审核。

第二步，乡镇人民政府对上报的申请表和有关材料进行逐项审核，对符合医疗救助条件的上报县民政局审批。乡镇人民政府根据需要，可以采取入户调查、邻里访问以及信函索证等方式对申请人的医疗支出和家庭经济状况等有关材料进行调查核实。

第三步，县级人民政府部门对乡镇上报的有关材料进行复审核实，并及时签署审批意见。对符合医疗救助条件的家庭，核准其享受医疗救助金额;对不符合医疗救助条件的，应当书面通知申请人，并说明理由。医疗救助金由乡镇人民政府发放，也可以采取社会化发放或其他发放办法。北京市本着方便和高效的原则，规定凡符合农村医疗救助条件的对象申请医疗救助时，可直接到户籍所在地乡镇社会保障事务所办理申请登记手续;由乡镇社会保障事务所审核登记后，报区、县民政局审批。符合农村医疗救助条件的对象参加农村合作医疗的登记手续实行集中办理。

17 农民工参加的社会保险有哪些?

用人单位与农民工签订劳动合同时，应当明确农民工参保相关事宜。用人单位应按规定为农民工办理参保手续。主要包括以下几种保险：

（1）养老保险。养老保险是社会保障体系的重要组成部分，是社会保险五大险种中最重要的险种之一。目的是在老年人达到退休年龄没有经济来源之后，通过养老保险而发放的养老金为他们提供生活来源。

（2）医疗保险。医疗保险是仅次于养老保险的第二大社会保险，它是指劳动者因患病或非因工负伤治疗期间，可以获得必要的医疗费资助和疾病津贴的一种社会保险，它是对劳动者健康权的保护。

（3）工伤保险。工伤保险是指劳动者由于工作原因并在工作过程中遭受意外伤害或由于职业病造成伤害，由国家或社会给负伤、致残者以及死亡者生前供养亲属提供必要的物质帮助的一项社会保险。它既能及时地保障受伤害劳动者的合法权益，又能给劳动者及其家属减轻经济负担。

（4）失业保险。失业保险是国家对失业而暂时中断生活来源的劳动者提供物质帮助的一种社会保险，其目的是促进失业者重新就业，因此它是救济性的、应急性的。

（5）生育保险。生育保险是指妇女劳动者因怀孕、分娩导致不能工作，收入暂时中断，国家和社会给予必要物质帮助的社会保险制度。建立生育保险是为了保证生育状态的劳动妇女的身体健康，减轻其因繁衍后代而产生的经济困难，同时也是为了保证劳动力再生产的延续。

18 什么叫统筹城乡社会保障制度建设？

统筹城乡社会保障制度建设，就是要把农村和城市社会保障作为一个有机统一的整体加以规划，逐步建立覆盖全社会的社会保障制度，使城市和农村居民能够享受到平等的社会保障。其基本点主要包括以下两方面的内容：

其一，把当前游离在城乡二元结构之间的农民工、失地农民和乡镇企业职工纳入城市社会保障体系，把社会保障覆盖面逐渐扩大到农村，同时缓解城市社会保障因为老年化遭遇到的困境。

其二，通过征收社会保障税等手段，加大政府对农村社会保障的投入，建立农村农业人口的医疗保险、最低生活保障和养老保险，解除农村农业人口的后顾之忧，逐步实现城乡居民在社会保障方面的平等待遇。

19 什么是被征地农民社会保障制度？

被征地农民社会保障制度，是指因为政府统一征收农村集体土地而导致失去全部或大部分土地，且在征地时享有农村集体土地承包权的在册农业人口建立的社会保障制度，旨在确保被征地农民生活水平不因征地而降低，长远生计有保障。例如，2008 年，广西出台了《广西被征地农民社会保障试行办法》，适用于因国家征用农村集体土地，而导致失去全部或大部分土地，且在征地时仍享有农村集体土地承包权的在册农业人口。

20 被征地农民该享受哪些社会养老保险待遇？

参加被征地农民养老保障并按规定履行缴费义务的人员，年满60周岁后，就可以按月享受养老保障待遇。养老保障待遇因人而异，要根据各人参保时确定的各种标准，通过银行实行社会化发放。如果参保人员死亡，其个人账户基金的余额，则一次性支付给其生前指定的受益人或法定继承人。

根据测算，部分失地农民参照国家有关办法，每月的基本养老补贴是以缴费总额除以计发月数计算的，如征地20%~30%的，全省平均每月可领取58元；征地达到70%~80%的，全省平均每月可达到154元。以后，开展新型农村社会养老保险后，还可再享受一项基础性养老金补贴（国家新型农村养老保险指导意见的征求意见稿中提出，月基础养老金由中央财政补助55元）。

21 农村社会福利的主要内容是什么？

我国的农村社会福利制度至少应该包括以下四个方面的内容：

（1）农村未成年人教育福利。农村未成年人教育福利制度的建立以及高等教育学费收费制度的改革，可以全面减轻农村青年的教育费用，创造更多的受教育机会，从而加快农村人力资源的开发和人力资本的积累，从根本上加强农村经济可持续发展的人力资本基础，推动城乡教育、文化、政治、经济的协调发展。

（2）农村老年人福利。老年福利制度建设关系着每个人的切身利益，是社会文明进步的重要标志，是解决老有所养、老有所依的根本性措施。我国已经步入老龄化社会，老年人福利建设刻不容缓。建设农村老年人福利，将直接改善农村60岁以上年长公民的经济状况和在家庭中的地位，为晚辈孝敬老人提供物质条件，促使全社会形成爱老、敬老、尊老的良好社会风尚，也是中华美德和社会主义制度优越性的具体体现。

（3）农村残疾人福利。农村残疾人群体是农村社会的弱势群体，也是特殊的社会群体；农村生产生活条件落后，农村残疾人的生产生活面临着常人难以想象的困难。建设和完善农村残疾人社会福利制度，可以有效地改善农村残疾人群体的经济和生活条件，帮助他们发展事业、改善生活，弘扬社会主义的人道主义和友爱精神，使每一个残疾公民都分享一份社会的帮助和祖国的关爱，增强他们生活的信心和物质基础。

22 什么是农村优抚安置制度？

农村优抚安置是指国家和社会对农村中军人及其家属所提供的各种优抚、抚恤、养老、就业安置等待遇和服务的保障制度。农村抚恤对象包括农村中服现役或者退出现役的残疾军人以及烈士遗属、因公牺牲军人遗属、病故军人遗属等；农村优待对象包括农村中现役军人军属和在乡老红军、老复员退伍军人等；农村安置对象包括农村中退伍义务兵、退伍志愿兵、复员干部、转业干部、离退休干部等。

农村社会优抚和安置主要包括三个方面的内容：第一，抚恤制度。这一制度是指国家对农村中因公伤残军人、因公牺牲以及病故军人家属所采取的伤残抚恤和死亡抚恤。农村伤残抚恤指对农村中按规定确定为革命伤残人员的，给予一定的物质帮助。死亡抚恤指对农村中现役军人死亡后被确认为因公牺牲或者病故烈士的遗属发放一次性抚恤金或定期抚恤金。第二，优待制度。这一制度是指国家和社会按照立法规定和社会习俗对优待对象提供资金和服务的优待性保障制度。第三，退役安置。这是指国家和社会为农村中退出现役的军人提供资金和服务，以帮助其重新就业的一项优抚保障制度。

23 什么是农村社会救助制度？

一般而言，社会中的个人，如果具备劳动能力，都能够借助工作取得收入以保证其基本生活。但是，也存在以下一部分人：（1）由于先天或后天的因素而失去劳动能力。（2）虽有劳动能力但因客观环境限制以致失业、无法获得收入，或收入中断、收入减少，而且又无法获得社会保险给付。（3）因受到天灾、人祸等因素的突然打击，如果不接受紧急救助就无法维持生活。

对于生活陷入困境的社会成员，社会和国家是有义务给予救助的，帮助他们渡过难关，克服生活面临的困境。同时，每一个社会成员，作为社会的一分子，也有权利要求社会关注其所处的生活困境，并为其生活提供基本的保障和支持。因此，社会救助是国家和社会通过国民收入的分配和再分配，运用资金、实物或服务等手段，依据法律规定对无收入、无生活来源、无劳动能力、生活在最低生活标准以下的个人或家庭，以及因自然灾害、不幸事故而陷入生活困境的人，提供一定物质帮助以保障其基本生活，并有能力摆脱生活困境的一种社会保障制度。

24 什么是农村五保供养，供养对象有哪些？

1994年1月，国务院公布施行《农村五保供养工作条例》，规定农村五保供养是指在吃、穿、住、医、葬方面给予村民的生活照顾和物质帮助。

供养对象包括：老年、残疾或者未满16周岁的村民，无劳动能力、无生活来源又无法定赡养、抚养、扶养义务人，或者法定赡养、抚养、扶养义务人无赡养、抚养、扶养能力的，享受农村五保供养待遇。

25 如何申请享受农村五保供养？

《农村五保供养工作条例》中规定享受农村五保供养待遇，应当由村民本人向村民委员会提出申请；因年幼或者智力残疾无法表达意愿的，由村民小组或者其他村民代为提出申请。经村民委员会民主评议，对符合本条例规定条件的，在本村范围内公告；无重大异议的，由村民委员会将评议意见和有关材料报送乡、民族乡、镇人民政府审核。

乡、民族乡、镇人民政府应当自收到评议意见之日起20

日内提出审核意见，并将审核意见和有关材料报送县级人民政府民政部门审批。县级人民政府民政部门应当自收到审核意见和有关材料之日起 20 日内作出审批决定。对批准给予农村五保供养待遇的，发给《农村五保供养证书》；对不符合条件不予批准的，应当书面说明理由。

乡、民族乡、镇人民政府应当对申请人的家庭状况和经济条件进行调查核实；必要时，县级人民政府民政部门可以进行复核。申请人、有关组织或者个人应当配合、接受调查，如实提供有关情况。

26 什么是农村最低生活保障制度？

农村最低生活保障制度是政府为保障农村贫困人口，按照最低生活保障标准进行差额救助的一种新型社会救助制度。最低生活保障制度是目前世界上绝大多数市场经济国家普遍实行的以保障全体公民基本生存权利为目的的社会救助制度，它根据维持最起码的生活需求的标准设立一条最低生活保障线，每一个公民当其收入水平低于最低生活保障线而生活发生困难时，有权利得到国家和社会按照法定程序和标准提供的现金和实物救助。农村最低生活保障制度作为农村社会保障体系中的基本组成部分，是农村社会保障体系中的最后一道“安全网”。建立农村最低生活保障制度，既能及时有效地保障农村居民的基本生活权益，促进农村社会经济稳定协调发展，也是能否尽快建立与完善农村保障制度的关键。

27 农村居民如何申请最低生活保障?

申请农村最低生活保障待遇，按属地管理原则，一般由户主本人向户籍所在地的乡镇人民政府提出申请；村民委员会受乡镇人民政府委托，也可以受理申请。申请时提交以下材料：（1）申请书。（2）户口簿、居民身份证。（3）家庭收入情况的有关凭据。（4）其他相关证明材料，包括：夫妻一方为外省或者外区县户口，需提供结婚证和户口证明；有子女的，同时提供子女户口证明；夫妻离婚的，需提供离婚证和离婚判决书；优抚对象需提供能够确认其身份的证明材料；残疾人需提供残疾证；享受城市最低生活保障待遇的家庭成员，需提供享受城市最低生活保障待遇的证明；在外务工人员，需提供有关收入证明；民政部门认为需要提供的其他有关证明材料。家庭成员户口不在同一乡镇的申请，要向家庭主要成员所在地村委会提出。其他不在此地的家庭成员，由其户口所在地的村委会提供有关证明材料，并登记备案。

28 农村特困户如何获得生活救助?

按照有关规定，农村特困户是指家庭主要成员痴、呆、傻、残且子女未成年造成生活特别困难的家庭；不符合五保条件、无劳动能力且生活特别困难的鳏寡孤独家庭；因病或者因灾等原因，家庭主要成员死亡或丧失劳动能力且子女未成年生活特别困难，不救济无法生存的家庭。农村特困户救助对象按以下程序确定：首先，由本人提出申请或村干部提名报村委会，村委会核实后召开村民代表会议进行评议，初步确定救助对象和类别，并在村务公开栏中张榜公布5天以上，广泛听取意见后，报乡镇政府审核；其次，乡镇政府审核后将确定的救助对象和类别，上报区县民政局审批；最后，区县民政局审批后，再次在村务公开栏中张榜公布5天以上，如无异议，则确定为救助对象。另外，农村特困户救助实行证卡动态管理，由区县民政部门统一印制，统一编号。对定期救助对象发放农村特困户救助证，每户一证，每年审核一次。

本章案例

五保户遗产继承纠纷

【典型案例】

死者王×为农村孤老户，身后无一法定继承人，生前系享受农村五保供养待遇的“五保户”。

原告王××为王某的堂孙女。王×生前患肺癌后一直随原告王××夫妇生活，由原告王××夫妇出资治疗、服侍直至2008年11月17日王×死亡。王×死亡后原告王××夫妇为其料理了后事，办理火化、酬宾、安葬并承担了全部费用。

王×生前曾于2008年10月13日委托天津市蓟县法律服务所书写了遗嘱，将自己所有的本村正房五间连同宅基地使用权遗赠给原告王××。据此，原告王××夫妇自该老人死亡事实发生后接受遗赠，于当日接管了该受遗赠财产。

原告接管受遗赠财产后第3日（2008年11月20日），被告天津市蓟县××镇××村民委员会由其法定代表人向原告发出通知：鉴于死者王×生前系农村五保户，该老人所遗房产应归本村村委会所有。限原告方立即将该房产内的其他财产腾空，并立即向被告交出王×所遗房产。当日，被告强行换锁且占有了该房产，双方发生纠纷而交涉未果。故此，成诉。

【案例解读】

最高人民法院曾经在2000年6月30日发布《关于如何处理农村五保对象遗产问题的批复》，该批复明确指出：农村五保对象死亡后，其遗产按照国务院《农村五保供养工作条例》第18条、第19条的有关规定处理。

《农村五保供养工作条例》第18条规定，五保对象的个人财产，其本人可以继续使用，但是不得自行处分；其需要代管的财产，可以由农村集体经济组织代管。《农村五保供养工作条例》第19条规定，五保对象死亡后，其遗产归所在的农村集体经济组织所有；有五保供养协议的，按照协议处理。

但是，法律不是静止不变的，法是随着社会经济的发展不断完善和修改的，村委会所引用的上述司法解释已经被新颁布实施的条文所废止，即“新法优于旧法”。

新的《农村五保供养工作条例》已经于2006年1月11日国务院第121次常务会议通过，自2006年3月1日起施行。新条例的实施废止了原来的旧条例，那么也就相应废止了最高人民法院对其进行的适用解释。按照新条例的规定，农村五保已经成为社会保障体系的一部分，五保供养资金列入国家财政开支，而无须村委会负担。所以新条例规定，要维护农村五保供养对象财产权益，尊重农村五保供养对象合法使用、处分个人财产的自由，禁止将是否把财产交给集体或国家作为批准享受农村五保供养待遇的前提条件。

王 × 生前定有遗赠协议，其所遗留房产理应按照《继承法》关于遗赠协议的规定继承，该房产归王 ×× 所有。

第5章 村委会组织建设与管理

1 村民委员会是不是一级政府?

村民委员会不是一级政府。依照我国《宪法》规定，我国共有四级人民政府：中央人民政府（即国务院）；省、直辖市人民政府及少数民族自治区的自治机关；县市、市辖区及少数民族自治州、自治县人民政府；乡、民族乡、镇人民政府。

国家在1998年颁布的《村民委员会组织法》第2条规定了村民委员会的性质：村民委员会是村民自我管理、自我教育、自我服务的基层群众性自治的组织，实行民主选举、民主决策、民主管理、民主监督。村民委员会办理本村的公益事务和公共事业，调解民间纠纷，协助维护社会治安，向人民政府反映村民的意见、要求和提出建议。

2 村委会是不是由主任一人说了算?

村委会不能由主任一人拍板说了算。依据《村委会组织法》第24条规定，涉及村民利益的下列事项，经村民会议讨论决定方可办理：（1）本村享受误工补贴的人员及补贴标准。（2）从村集体经济所得收益的使用。（3）本村公益事业的兴办和筹资筹劳方案及建设承包方案。(4) 土地承包经营方案。(5) 村集体经济项目的立项、承包方案。(6) 宅基地的使用方案。(7) 征地补偿费的使用、分配方案。(8) 以借贷、租赁或者其他方式处分村集体财产。(9) 村民会议认为应当由村民会议讨论决定的涉及村民利益的其他事项。村民会议可以授权村民代表会议讨论决定前款规定的事项。法律对讨论决定村集体经济组织财产和成员权益的事项另有规定的，依照其规定。

3 农村治保会的任务有哪些?

治保会的全称是治安保卫委员会，是群众性治安保卫组织，在基层政府领导下和公安机关业务指导下进行工作。治安保卫委员会是党和政府动员组织群众维护社会治安的队伍，是公安机关联系群众的桥梁和纽带。

农村治保会的根本任务是为维护农村社会稳定和发展农村经济创造良好的治安秩序。它的主要任务包括：宣传、教育群众，增强法制观念和安全防范意识，组织群众开展治安巡逻、安全检查等项群防群治工作；落实防盗、防火、防破坏和防其他治安灾害事故的安全防范措施；及时向政府及公安机关反映有可能危害社会治安的民间纠纷和闹事苗头，并协助政府和有关部门做好教育疏导工作；对有违法犯罪行为的人进行帮助、教育、监督、考察；协助公安机关保护案件现场，积极提供破案线索，对现行违法犯罪分子进行控制或扭送公安机关；向政府及公安机关反映群众对社会治安管理工作的意见、建议和要求。

4 符合什么条件的村民才享有选举权和被选举权？

我国的选举权有普遍性和广泛性。在农村，除极少数人外，绝大多数村民享有选举权和被选举权。根据《村民委员会组织法》的规定，年满18周岁的村民，不分民族、种族、性别、职业、家庭出身、宗教信仰、教育程度、财产状况、居住期限，都有选举权和被选举权；但是，依照法律被剥夺政治权利的人除外。村民的选举资格一旦经过确认，登记为选民，即具有选举权和被选举权。有选举权和被选举权的村民名单，应当在选举日的20日以前公布。村民的选民资格是指村民具备什么条件可以享有选举权和被选举权，应当符合以下几个条件：

（1）属地要件。依法具有中华人民共和国国籍，属于本村村民。外国人在中国没有选举权，外村人在本村没有选举权。对于本村村民的界定，法律没有明确规定，通常认为，居住生活在本村，户口在本村的村民属于本村村民。由于社会主义市场经济的发展，流动人口的增加，人户分离现象越来越多。有的村民长期在外工作、生活，但户籍还在原居住地的村，这种人是否属于住在本村的村民，能否参加当地村民委员会的选举，由于情况多种多样，需要各地制定出实施办法具体规定。

（2）年龄条件。到选举日止年满18周岁。因为选举权和被选举权是村民参与自治的一项基本权利。需要有一定的社会经验和参与社会生活的能力。从自然与社会的角度看，年满18周岁，公民的生理和心理发育趋于成熟，具有完全的行为能力，能够就是非、善恶、美丑、好坏作出判断，可以独立进行民事活动，是完全行为能力人。规定年满 18 周岁的村民享有选举权和被选举权符合我国农村实际。

（3）政治条件。必须享有政治权利，未因刑事案件，被人民法院依照法律判决剥夺政治权利。被剥夺政治权利的人通常包括危害国家安全的罪犯、被判处死刑、无期徒刑的罪犯以及其他严重破坏社会秩序的犯罪分子，这些人对国家、社会和人民构成了极大危害，有些甚至是以推翻人民民主专政政权和社会主义制度为目的，允许这些人参与国家和社会生活的管理是不符合社会主义法制原则的，同时也是违反广大人民意愿的。确认是否被剥夺政治权利，应当以人民法院的生效判决书为准。被羁押，如被拘留、逮捕等，正在受侦查、起诉、审判的人，人民检察院或人民法院没有决定停止行使选举权利的，准予行使选举权。准予行使选举权的被羁押的人，如果不适宜被提名为候选人，可以由检察院或法院停止其权利。

（4）行为能力条件。精神病患者不能正常行使选举权利的，经村选举委员会确认，不列入选民名单。

5 村民委员会选举的原则是什么？

根据法律规定，村民委员会选举的原则主要有六个方面：

（1）普遍选举权原则。我国村民委员会选举的普遍选举权原则主要体现是，凡达到法定年龄，法律无限制规定的公民，即年满十八周岁，未被剥夺政治权利的村民，均享有选举权和被选举权。法律规定，中华人民共和国未年满十八周岁的公民（村民），不分民族、种族、性别、职业、家庭出身、宗教信仰、教育程度、财产状况和居住期限，都有选举权和被选举权，依法被剥夺政治权利的除外。这就表明，中国公民（村民）的选举权不因公民（村民）天生的差别和后天的经济、教育等条件造成的差异而受到影响，这充分体现了选举权的普遍性。

（2）平等选举权原则。平等选举权原则即每一选民在一次选举中只有一个投票权。村民的平等选举权原则概括起来有两层含义：一是每一位村民在一次直接选举中只有一个投票权，不能同时参加两个或两个以上村民委员会的选举；另一层含义是每一村民所投选票的效力是相同的，不能因身份、地位、民族、种族、性别、年龄等的不同而产生差别。也就是说，既不允许任何村民享有特权，也不允许对任何村民有任何限制和歧视。在各地村民委员会选举中，每次选举所投的票数，等于或少于投票人数的选举有效，多于投票人数的选举无效。每一选举所选的人数，多于规定应选名额的无效，少于或等于应选名额的有效。这些程序性的规定，就是根据平等选举权原则制定的，充分表明村民的选举权是平等的。

（3）直接选举原则。直接选举原则是相对于间接选举而言的，村民委员会的直接选举是指享有选举权的村民，直接投票选举村民委员会主任、副主任和委员的选举方式。对此，村民委员会组织法作过明确规定。为了贯彻法律规定的这一原则，在村民委员会的选举工作中，要坚决纠正不由村民直接选举村民委员会主任、副主任和委员，而擅自改为由村民代表或村民代表会议选举，或先选村民委员会委员，然后再在委员中实行分工而产生主任、副主任和委员的错误做法。

（4）差额选举原则。差额选举是等额选举的对称，差额选举是指候选人的名额多于应选人名额的选举，又称不等额选举。村民委员会的选举实行差额选举，是指委员要差额，副主任要差额，主任更应要差额。不能搞等额选举，也不能把主任、副主任、委员三种职务混在一起进行差额选举。一般情况下，村民委员会主任、副主任的正式候选人名额应比应选人数多 1 人，委员的正式候选人名额应比应选人数多 13 人。差额选举是社会主义民主的重要体现，具有很多优越性。一是差额选举候选人多于应选人数，为村民提供了选择的空间，村民可以对候选人进行比较，按照自己的意愿选举自己认为合适的人成为村民委员会的主任、副主任或委员，增强了村民的责任感，有利于发扬民主。二是实行差额，对村民委员会候选人提出了新的要求，差额选举的过程对他们也是激励和鞭策，有利于他们发扬长处，克服不足，使被选上的人懂得，一定要认真履行职务，接受村民监督，树立全心全意为村民服务的思想，使落选的人心里明白正确对待自己的不足。三是实行差额选举，引入竞争机制，拓宽了提出候选人的渠道，可以扩大对村民委员会成员的选择面，使优秀人才脱颖而出，使有知识、有能力、有水平的人尽显才华，真心实意为村民服务。

（5）竞争选举原则。所谓竞争选举是指候选人之间为了争取村民的信任而采取的符合法律要求的自我宣传、自我表现、主动承诺和相互竞争的活动。但是，这种竞选活动是在村民选举委员会组织下有序进行的。在村选举委员会向村民介绍候选人情况的同时，也允许候选人宣讲自己的依法治村方案和当选后的打算。它的最大优点在于能使村民进一步全面了解候选人的情况，提高选举的质量。

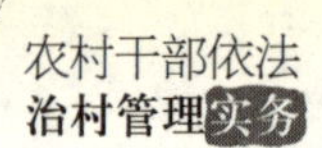

（6）选举权秘密原则。选举权秘密原则也称无记名投票原则，是相对于“记名投票”而言的。选举权秘密原则是指选举人在参加选举时采用不公开的投票方法，亲自书写选票，对投票人投赞成票还是反对票或者投弃权票，或者另选他人，都只有投票人自己知道，别人当时或事后不知，并无人再知。选举人在选票上不署自己的姓名，亲自把选票投入密封的票箱。无记名投票较之记名投票，选举人更能自由表达自己的意志，排除外来因素的干扰，毫无顾忌地把自己的真实选择表达出来。

6 村民委员会选举的程序有哪些规定？

《村民委员会组织法》第15条第3款规定：“选举实行无记名投票、公开计票的方法，选举结果应当当场公布。选举时，应当设立秘密写票处。”根据这一规定，村民委员会选举应按照以下程序进行：

（1）选举时必须实行无记名投票方式，即选民在选举投票时，不必在选票上写明此选票是由谁填写的。（2）统计选票采取公开计票的方法，即发票、收票、唱票、计票、监票等程序都要在选民的监督下进行。选民投票结束后，选举委员会的有关人员应该当场当众开启票箱，检验每张票是否有效，有无废票、弃权票，并由主持人向选民宣布共发出选票多少张，收回选票多少张。如果收回选票多于发出选票，则选举无效。如果收回选票少于发出选票，选举有效；宣布有效票多少张、废票多少张、弃权票多少张。然后选举工作人员再公开唱票、计票。唱票、计票结束后，分别计算出每位候选人和被选人的得票数。

（3）选举结果必须当场公布。根据《村民委员会组织法》的“选举村民委员会，有登记参加选举的村民过半数投票，选举有效；候选人获得参加投票的村民过半数的选票，始得当选”的规定，村民选举委员会应当当场公布选举结果，当场确定当选者，当场公布当选名单。选举工作人员还应当当场填写选举结果报告单，并应封存选票存档备查。（4）投票选举时必须设立秘密写票处。设立秘密写票处，是为了保证选民在没有他人干扰的情况下，秘密填写自己的选票。

7 什么是“两推一选”？

近几年来，各地在村级党组织建设实践中逐步探索形成了通过“两推一选”搞好村级党组织换届的办法。其操作过程分为三个阶段：

（1）党内民主推荐。换届前，村党组织召开党员大会，也可吸收非党员的村委会成员、村民组长和村民代表参加，在对原党支部成员进行民主评议的基础上，推荐新一届党支部成员初步候选人（党内、党外分别计票）。乡镇党委根据投票结果，决定初步候选人；初步确定的候选人数应多于最后实际参加选举的候选人数。（2）群众推荐。召开村民大会，对初步候选人进行信任投票。乡镇党委对过半数以上群众信任的初步候选人进行考察，确定正式候选人。（3）党内选举。村党组织召开党员大会，按照《中国共产党基层组织选举工作暂行条例》的要求，选举产生新一届党组织的委员会。

8 什么叫直接选举与间接选举？哪些党组织实行直接选举与间接选举？

直接选举，是指有选举权的人直接参加选举、行使选举权利的选举方式。党内直接选举，一般是在党的基层组织进行，即召开党员大会，由党员直接投票选举党的支部委员会、党的总支部委员会、党的基层委员会、党的纪律检查委员会或出席上级党的代表大会的代表。

间接选举，是指有选举权的人通过选出的代表进一步行使选举权利的选举方式。党内间接选举，一般是在党的中央组织、党的地方组织和部分基层组织进行，即召开党代表大会，选举党的委员会、党的纪律检查委员会或出席上级党的代表大会的代表。

9 什么叫差额选举与等额选举？党内哪些职务实行差额选举与等额选举？

差额选举，是指在选举中实行候选人数多于应选人数的选举。差额选举的方式有两种：一是直接采用候选人数多于应选人数的差额选举办法进行正式选举；二是先采用差额选举办法进行预选，产生候选人名单，然后进行正式选举。就党的地方组织和基层组织而言，选举产生以下党内职务要实行差额选举：（1）党的地方各级代表大会的代表、党的地方各级代表会议需经选举产生的代表、党的基层代表大会的代表。（2）党的地方各级委员会常务委员、委员、候补委员，党的地方各级纪律检查委员会常务委员、委员。（3）党的基层委员会、总支部委员会、支部委员会和纪律检查委员会委员、常务委员。

等额选举，是指候选人数与应选人数相等的选举。目前实行等额选举的，主要有党的中央政治局委员，中央政治局常务委员会委员，中央纪律检查委员会常务委员和书记、副书记，党的地方各级委员会和纪律检查委员会书记、副书记。党的基层组织的书记、副书记经上级党组织批准，也可以实行等额选举。

10 流动党员在哪里参加选举?

办理正式党员组织关系转移手续的流动党员，应在转入地区单位的党组织参加党内选举，享有表决权、选举权和被选举权。

开具党员证明信和持流动党员活动证外出的流动党员，应在原所在单位党组织参加党内选举，行使表决权、选举权和被选举权。

外出党员原所在党组织召开党员大会进行选举时，如外出党员确因情况特殊无法到会，经党员大会同意，可不计算为应到会人数。

11 怎样确定选举和选票是否有效?

选举收回的选票，等于或少于投票人数，选举有效；多于投票人数，选举无效，应当重新选举。

每一选票所选人数等于或少于规定应选人数的为有效票，多于规定应选人数的为无效票。无效票既不能计入赞成票，也不能计入反对票或弃权票。

选举时，党员“可以弃权”。党组织要切实保障党员这一权利。但是，作为党的组织，在选举时，要尽量避免发生党员弃权的现象。这就要在确定候选人时，经过反复酝酿，广泛征求选举人的意见，然后再进行选举。如果发现对候选人有重大分歧，则不要仓促进行选举。只要这样做了，一般可以避免出现弃权现象。

作为党员个人，一般不应轻易放弃自己的选举权利。如果对候选人的情况不了解，可以要求党组织介绍情况，而不应持消极、马虎的态度。假如党员对候选人确有意见，还可以向上级党组织反映，以积极的态度来对待选举。

这一原则对于党内进行的其他表决，如讨论发展党员，讨论预备党员转正等，也是适用的。

12 党的基层组织进行换届选举前，应做好哪些筹备工作？

党的基层组织召开党员大会或党代表大会进行换届选举前，应做好以下筹备工作：

（1）召开党的委员会全体会议，讨论研究换届选举的有关事宜，并向上级党组织呈报换届选举的请示（党的支部委员会换届选举，可以由支部委员会负责人直接向上级党组织汇报支部委员会讨论研究的情况）。（2）换届选举的请示经上级党组织批准后，即可发出换届选举的通知，并做好宣传教育工作。（3）起草换届选举的有关文件，主要有：党的委员会、纪律检查委员会工作报告，党费收缴使用情况报告，大会选举办法。（4）组织酝酿推荐下届委员会委员、书记、副书记等候选人预备人选，并呈报上级党组织审查批准。（5）做好各项会务工作，包括：印制选票和相关证件、表格，布置会场等。（6）召开党代表大会换届选举的，党的委员会还应按规定组织指导代表的选举审查工作，并提出大会领导机构及其组成人员的讨论名单等。

13 村民如何维护自己的合法权益？

在维护村民权利和义务的过程中，村民的自我保护意识、自我保护行为是非常重要、不可替代的。只有学法、懂法，知晓自己的权利与义务，树立正确的权利与义务观，正确行使各种权利，积极履行应有的义务，依法维护自己的权利，才会真正形成有利于权利与义务在农村落实的局面，广大村民才能实实在在地行使和享受自己的合法权利。村民要维护好自己的权利，必须注意以下三个方面：

（1）学法、懂法，知晓自己的权利义务。广大村民的权利和义务是由法律、法规和村民自治章程、村规民约规定的。因此，村民要维护好行使好自己的合法权利和义务，首先必须尽可能地知晓法律赋予了自己哪些权利，法律规定自己哪些义务；哪些是自己能够做的，哪些是自己必须要做的，哪些是自己被禁止做的。而做到这一点，就必须要学法、知法、懂法。

（2）树立正确的权利与义务观，自觉守法。村民权利的行使和维护不仅有赖于村民知法、懂法，更重要的是村民在实践中树立正确的权利与义务观、正确自觉地遵守法律。

（3）用法律手段依法维护自己的权利。当村民的正当权利受到侵犯时，应该运用法律手段、拿起法律武器来维护自己的合法权利。对此，应该把握好以下三点：①要勇敢地面对破坏自己权利的行为，理直气壮地抵制各种侵权行为。②运用法律武器保护自己合法权益。③要区别不同的情况，运用不同的法律知识来维护权利。

14 村民委员会的任期是多长时间？

《村民委员会组织法》第11条第2款规定："村民委员会每届任期三年，届满应当及时举行换届选举。村民委员会成员可以连选连任。"

15 村民委员会有权对村民进行罚款吗？

村民委员会无权对村民罚款。我国《行政处罚法》规定，行政处罚由具有行政处罚权的行政机关在法定职权范围内实施。享有罚款权的主体只有：国家行政机关对相对人违反行政管理秩序，可依法对行政相对人给予罚款的处罚；人民法院可依法对违反民事法律及妨碍诉讼的公民、法人或其他组织给予罚款的司法制裁；企业可依法对违反劳动纪律的职工给予一次性罚款。除此之外，其他任何组织和个人均没有罚款权。村民委员会属于基层群众自治组织，当然没有罚款权。

16 哪些事务村民委员会应当向村民公开并接受监督？

《村民委员会组织法》第30条、第31条规定："村民委员会实行村务公开制度。村民委员会应当及时公布下列事项，接受村民的监督：

“（1）本法第二十三条、第二十四条规定的由村民会议、村民代表会议讨论决定的事项及其实施情况；（2）国家计划生育政策的落实方案；（3）政府拨付和接受社会捐赠的救灾救助、补贴补助等资金、物资的管理使用情况；（4）村民委员会协助人民政府开展工作的情况；（5）涉及本村村民利益，村民普遍关心的其他事项。”

“村民委员会不及时公布应当公布的事项或者公布的事项不真实的，村民有权向乡、民族乡、镇的人民政府或者县级人民政府及其有关主管部门反映，有关人民政府或者主管部门应当负责调查核实，责令依法公布；经查证确有违法行为的，有关人员应当依法承担责任。”

17 对妨碍和破坏村民委员会选举的行为应如何处理？

为了保证村民委员会选举的顺利进行，惩处妨碍和破坏选举的行为，《村民委员会组织法》第17条规定，以暴力、威胁、欺骗、贿赂、伪造选票、虚报选举票数等不正当手段当选村民委员会成员的，当选无效。对以暴力、威胁、欺骗、贿赂、伪造选票、虚报选举票数等不正当手段，妨害村民行使选举权、被选举权，破坏村民委员会选举的行为，村民有权向乡、民族乡、镇的人民代表大会和人民政府或者县级人民代表大会常务委员会和人民政府及其有关主管部门举报，由乡级或者县级人民政府负责调查并依法处理。

18 村干部在村委会中应发挥哪些作用？

村干部是村委会的成员，而村委会是村内日常工作的实际组织者、领导者，可见村干部是村内各项工作的直接实施人员，他们将村民会议的决定最终落到实处。在带领群众全面建设小康社会的过程中负有重大历史责任。村委会是村内各项工作的实际组织者，负责主持村内的各项日常工作。而村委会组织管理作用的实际发挥需要每个村干部的努力。因此，村干部应该比普通村民更加严格要求自己，注重发挥以下几个方面的作用：

（1）模范带头作用。“榜样的力量是无穷的”，村干部作为村民自治组织的成员，不仅代表着该村民组织的形象，而且是广大村民群众效仿的对象。因此，村干部应该认真领会党和国家的路线、方针、政策，模范地遵守国家的法规政策和村委会的各项制度、决议和决定，关心群众的利益和要求，不仅要做带领广大村民群众致富的模范，而且在社会生活的各个方面都要严格要求自己，起表率作用，用自己的模范行动为群众树立榜样。

（2）协调、凝聚作用。村务工作任务重、头绪多、关系复杂。其中既要搞好村里的经济建设又要保护好自然环境；既要保护村民的自主经营权利又要讲求整体效益，推动村民的和谐共处；既要尊重群众的风俗习惯又要保证国家法律的实施。面对多元化的利益格局，作为基层群众自治组织的干部并没有政府的行政权威来保证，只能通过村民的感情认同来执行各项措施，这就更要靠村干部的智慧来通盘考虑、点滴做起，协调方方面面的利益安排，理顺个人与组织、少数与多数、局部和整体等各方面的关系，团结全体村民，凝聚全村的智慧，拧成一股绳，推进村里各项事业蓬勃发展。

（3）化解矛盾，维护安定和谐。目前我国还处在由传统社会向现代化转型的时期，在经济高速发展的同时，也出现了许多新矛盾、新问题，存在一些不安定因素。村干部作为基层群众自治组织的领导者，在化解矛盾，维护基层社会安定方面，具有重要作用。

（4）为群众排忧解难。作为基层群众自治性组织，村委会的主要职能就是为村民群众服务。村干部作为村民的带头人和公仆，要坚持为人民服务的宗旨，关心村民群众在生产和生活中遇到的各种问题，想群众所想，急群众所急，准确把握村民群众所需所盼，多为群众做实事。

总之，村干部应当充分发挥示范表率、协调利益、化解矛盾和排忧解难等方面的作用和功能，通过自己的不懈努力，促进村民自治的不断创新，发展农村经济，狠抓精神文明，办好各项基层社会事业，成为建设“生产发展、生活宽裕、乡风文明、村容整洁、管理民主”的社会主义新农村的基层骨干力量。

19　村民怎样罢免村委会成员？

依据《村民委员会组织法》规定，享有罢免权力的是而且只能是全体村民，也就是说作为村民自治权利的一项重要内容，只有村民才有权行使对村委会成员的罢免权，其他任何组织和个人包括乡镇政府及其领导干部都无权随意罢免或撤换村委会成员。具体到罢免程序上，有以下几个要求：

（1）必须有五分之一以上的村民联名提出罢免要求或者议案并且明确提出罢免理由。这是因为罢免村委会成员是村内一件相当重大、严肃的事情，一定要反映出一定数量的村民的意愿，体现出真正的民意。同时也是为了防止一些小团体出于自身利益而随意罢免村干部，以保持村委会的稳定性、持续性，从而能够正常运转。（2）给予被提出罢免的村委会成员在公开场合或以其他适当方式为自己申辩的机会。（3）召开村民会议，投票表决罢免要求。由村委会主持村民会议投票表决罢免决议，并接受当地基层政权机关的指导。对于符合法定联名人数的罢免要求，村委会不组织召开村民会议投票表决的，联名村民有权向基层政权机关或有关部门反映。投票表决时也应该坚持秘密写票、无记名投票等规则，而不能由谁说了算。（4）须经有选举权的村民过半数通过才能罢免村委会成员。这比选举村委会成员时应更加严格。《村委会组织法》第 15 条第 2 款规定："选举村民委员会，有登记参加选举的村民过半数投票，选举有效；候选人获得参加投票的村民过半数的选票，始得当选。……"也就是最少只需要获得四分之一以上有选举权的村民的投票就能够当选，而被罢免则需要有二分之一以上有选举权的村民的同意。这显然体现了对村干部的保护，对村民选举结果的尊重。

20 什么是村规民约？它的结构和内容是什么？

村规民约，它是村民群众在村民自治过程中，依据党的方针政策和国家法律法规，结合本村实际，为维护本村的社会秩序、社会公共道德、村风民俗、精神文明建设等方面制定的约束规范村民行为的一种专门性规章制度。它属于公约的一种形式，一般由名称、正文、结尾三部分组成。它的名称应为“××村村民公约”；它的结构基本上是“条款式”，即第1条、第2条、第3条……但也有的采用数码顺序自然排列，即一、二、三……它的结尾部分，主要是规定何时通过、何时生效。村规民约的内容主要分为两个方面。一方面是规定村民的行为，应该怎么做，另一方面则是规定村民违反和破坏规章制度的处罚条款，主要有进行教育、给予批评、作出书面检查等内容。

21 什么是村民会议？村民会议与村民委员会是什么关系？

村民会议是村民自治的权力机构，是村内议事的最高权威机构，村民委员会向村民会议负责，执行村民会议的决议。村民会议由村民委员会负责召集，每年至少召开一次，法律规定了一些重大事项必须由村民会议讨论决定。村民代表会议和村民会议既有联系又有区别，两者都是村里重大事务的决策机构，但村民代表会议决定的事项必须有村民会议的授权，村民代表会议向村民会议负责。

根据法律规定，村民会议是村民自治的权力机构，是村内议事的最高权威机构，村民委员会与村民会议的关系可以归纳为：（1）村民委员会向村民会议负责并报告工作。（2）村民会议对村民委员会工作报告和组成人员进行评议。这种评议是村民会议的职权之一，是村民委员会向村民会议负责的具体表现，也是村民实现自治权利的表现。（3）村民会议由村民委员会召集。法律规定，有十分之一以上的村民提议，应当召集村民会议；依法定期召集村民会议是村民委员会的职责和义务。

22 哪些事项必须由村民委员会提请村民会议讨论决定，方可办理？

《村民委员会组织法》第24条规定："涉及村民利益的下列事项，经村民会议讨论决定方可办理：（1）本村享受误工补贴的人员及补贴标准。（2）从村集体经济所得收益的使用。（3）本村公益事业的兴办和筹资筹劳方案及建设承包方案。（4）土地承包经营方案。（5）村集体经济项目的立项、承包方案。（6）宅基地的使用方案。（7）征地补偿费的使用、分配方案。（8）以借贷、租赁或者其他方式处分村集体财产。（9）村民会议认为应当由村民会议讨论决定的涉及村民利益的其他事项。"

本章案例

江苏沭阳村级党群议事会制度

【典型案例】

2014年，沭阳县高墟镇邱谷村实行党群议事会制度，党群议事会代表由村民、党员、村干部等群体推选，其中普通村民代表占六成，推选结果需向全村公示。党群议事会至少每月开一次，议题可由村干部提出，也可由代表提出，经村“两委”研究、公示，报乡镇党委后召开议事会。三分之二代表到场，且赞成票占三分之二，议事会所作决策才有效。议事会召开情况列入乡镇考核村居“两委”干部内容，并与其收入挂钩。

中央要求村居事务“四议两公开”，但在各地的实践中，大多存在着流程烦琐、决策效率低下的问题。少数村干部更是以此为借口，不走正常程序，关门决策，引发了许多问题和矛盾，不仅影响到基层的稳定，而且阻碍了农村地区的发展。为适应农村社会结构，强化基层党组织核心作用，党群议事会的产生对民主决策制度设计进行了创新。

村民说事制度、村级党群议事会制度，可以视为针对多数原则的内在缺陷建立的开放性政策决策机制。一直以来，民主政治决策遵循少数服从多数的原则，简称“多数原则”。这个传统甚至可以追溯到古希腊雅典城邦，也是我国民主政治决策的基本规则之一，人民是享有民主权利的主体，这也是我国大部分民众的共识。然而多数原则也有其自身的缺陷，诸如多数利益优先、决策的正确与否与认同人数多少的非必然性联系、并非自律的多数、多数的暴政等，这些缺陷极容易造成多数与少数的矛盾。要解决这些问题，充分实现全体人民的民主权利，需要跳出多数与少数的二元对立，在实行多数原则的民主决策的同时，兼顾少数人的利益。

【案例解读】

村级党群议事会制度是农村民主决策方面的创新，意在打破参与壁垒，让真正平等的决策主体作为区分多数与少数的所有权利主体。而决策信息的开放程度，决定了公众参与的程度。此外，两者还开放了议题的创制权，使决策程序实现价值取舍的正义，反映最广大人民的切身利益，实现政府与公民的沟通与合作。最后，参与公共决策，也有助于增强村民的归属感和责任感。

第6章 资源环保管理与规范

1 我国有关法律对水资源的权属是怎样规定的？应当如何依法对水资源进行开发利用？

根据我国《宪法》《水法》的相关规定，水资源属于国家所有。水资源的所有权由国务院代表国家行使。农村集体经济组织的水塘和由农村集体经济组织修建管理的水库中的水，归各该农村集体经济组织使用。

依法对水资源进行开发利用应做到以下几点：

（1）开发、利用水资源，应当坚持兴利与除害相结合，兼顾上下游、左右岸和有关地区之间的利益，充分发挥水资源的综合效益，并服从防洪的总体安排；应当首先满足城乡居民生活用水，并兼顾农业、工业、生态环境用水以及航运等需要；在干旱和半干旱地区开发、利用水资源，应当充分考虑生态环境用水需要。

（2）地方各级政府应当结合本地区水资源的实际情况，按照地表水与地下水统一调度开发、开源与节流相结合，节流优先和污水处理再利用的原则，合理组织开发、综合利用水资源。

（3）国家鼓励开发、利用水能资源。在水能丰富的河流，应当有计划地进行多目标梯级开发。建设水力发电站，应当保护生态环境，兼顾防洪、供水、灌溉、航运、竹木流放和渔业等方面的需要。

（4）国家鼓励开发、利用水运资源。在水生生物洄游通道、通航或者竹木流放的河流上修建永久性拦河闸坝，建设单位应当同时修建过鱼、过船、过木设施，或者经国务院授权的部门批准采取其他补救措施，并妥善安排施工和蓄水期间的水生生物保护、航运和竹木流放，所需费用由建设单位承担。

（5）国家对水工程建设移民实行开发性移民的方针，按照前期补偿、补助与后期扶持相结合的原则，妥善安排移民的生产和生活，保护移民的合法权益。移民安置应当与工程建设同步进行。建设单位应当根据安置地区的环境容量和可持续发展的原则，因地制宜，编制移民安置规划，经依法批准后，由有关地方政府组织实施。所需移民经费列入工程建设投资计划。

2 我国对水资源、水域和水工程采取什么样的保护措施？发生水事纠纷怎么处理？

根据《水法》的有关规定，县级以上人民政府水行政主管部门、流域管理机构以及其他有关部门在制定水资源开发、利用规划和调度水资源时，应当注意维持江河的合理流量和湖泊、水库以及地下水的合理水位，维护水体的自然净化能力。国家建立饮用水水源保护区制度。省级政府应当划定饮用水水源保护区，并采取措施，防止水源枯竭和水体污染，保证城乡居民饮用水安全。禁止在饮用水水源保护区内设置排污口。在地下水超采地区，县级以上地方政府应当采取措施，严格控制开采地下水。从事工程建设，占用农业灌溉水源、灌排工程设施，或者对原有灌溉用水、供水水源有不利影响的，建设单位应当采取相应的补救措施；造成损失的，依法给予补偿。禁止在江河、湖泊、水库、运河、渠道内弃置、堆放阻碍行洪的物体和种植阻碍行洪的林木及高秆作物。禁止在河道管理范围内建设妨碍行洪的建筑物、构筑物以及从事影响河势稳定、危害河岸堤防安全和其他妨碍河道行洪的活动。禁止围湖造地。禁止围垦河道。国家实行河道采砂许可制度。国家对水工程实施保护。国家所有的水工程应当按照国务院的规定划定工程管理和保护范围。

不同行政区域之间发生水事纠纷的，应当协商处理；协商不成的，由上一级政府裁决，有关各方必须遵照执行。在水事纠纷解决前，未经各方达成协议或者共同的上一级政府批准，在行政区域交界线两侧一定范围内，任何一方不得修建排水、阻水、取水和截（蓄）水工程，不得单方面改变水的现状。单位之间、个人之间、单位与个人之间发生的水事纠纷，应当协商解决；当事人不愿协商或者协商不成的，可以申请县级以上地方政府或者其授权的部门调解，也可以直接向人民法院提起民事诉讼。县级以上地方政府或者其授权的部门调解不成的，当事人可以向人民法院提起民事诉讼。在水事纠纷解决前，当事人不得单方面改变现状。县级以上政府或者其授权的部门在处理水事纠纷时，有权采取临时处置措施，有关各方或者当事人必须服从。

3 我国实行什么样的取水许可制度?

为加强水资源管理，节约用水，促进水资源合理开发利用，国家对水资源依法实行取水许可制度和有偿使用制度。根据《水法》《取水许可制度实施办法》的有关规定，取水许可应当首先保证城乡居民生活用水，统筹兼顾农业、工业用水和航运、环境保护需要。取水许可必须符合江河流域的综合规划、全国和地方的水长期供求计划，遵守经批准的水量分配方案或者协议。地下水取水许可不得超过本行政区域地下水年度计划可采总量，并应当符合井点总体布局和取水层位的要求。在地下水超采区，应当严格控制开采地下水，不得扩大取水。禁止在没有回灌措施的地下水严重超采区取水。

下列少量取水不需要申请取水许可证:（1）为家庭生活、畜禽饮用取水的。（2）为农业灌溉少量取水的。（3）用人力、畜力或者其他方法少量取水的。少量取水的限额由省级政府规定。

下列取水免予申请取水许可证:（1）为农业抗旱应急必须取水的。（2）为保障矿井等地下工程施工安全和生产安全必须取水的。（3）为防御和消除对公共安全或者公共利益的危害必须取水的。

申请取水许可应当提交下列文件:（1）取水许可申请书。（2）取水许可申请所依据的有关文件。（3）取水许可申请与第三者有利害关系时，第三者的承诺书或者其他文件。

取水许可申请书应当包括下列事项:（1）提出取水许可申请的单位或者个人的名称、姓名、地址。（2）取水起始时间及期限。(3)取水目的、取水量、年内各月的用水量、保证率等。(4)申请理由。(5)水源及取水地点。(6)取水方式。(7)节水措施。(8)退水地点和退水中所含主要污染物以及污水处理措施。(9)应当具备的其他事项。

水行政主管部门或者其授权发放取水许可证的部门应当自收到取水许可申请之日起60日内决定批准或者不批准;对急需取水的,应当在30日内决定批准或者不批准。需要先经地质矿产行政主管部门、城市建设行政主管部门审核的,地质矿产行政主管部门、城市建设行政主管部门应当自收到取水许可申请之日起30日内送出审核意见;对急需取水的,应当在15日内送出审核意见。取水许可申请引起争议或者诉讼,应当书面通知申请人待争议或者诉讼终止后,重新提出取水许可申请。

4 我国对水污染防治怎样实施监督管理?

根据《水污染防治法》的有关规定,我国水污染防治的一般法律规定主要涉及两部分内容:

(1)《环境保护法》的基本制度在水污染防治领域的具体运用。其基本内容有:①水污染防治的规划制度。②水环境标准制度。③水环境监测制度。④环境影响评价制度和“三同时”制度。⑤排污收费制度。

(2)专门适用于水污染防治的监督管理规定。其具体内容包括:①水污染防治与水资源保护相结合的原则。②水污染物总量控制制度。即省级以上政府对实现水污染物达标排放仍不能达到国家规定的水环境质量标准的水体，可以实施重点污染物排放的总量控制制度，并对有排污量削减任务的企业实施该重点污染物排放量的核定制度。③重要水体保护区制度。即对某些重要水体划定保护区实行特别保护措施，这里主要涉及两类：一是具有特殊经济文化价值的水体保护区。二是满足人们基本生存需要的水体特别保护区，即生活饮用水地表水源保护区。④城市污水集中处理制度。⑤国家对严重污染水环境的落后生产工艺和严重污染水环境的落后设备实行淘汰制度。企业应当采用原材料利用效率高、污染物排放量少的清洁生产工艺，并加强管理，减少水污染物的产生。⑥对水体造成严重污染的企业实行限期治理措施。国家禁止新建无水污染防治措施的小型化学制纸浆、印染、染料、制革、电镀、炼油、农药以及其他严重污染水环境的企业。对造成水体严重污染的排污单位，限期治理。⑦水污染事故的处理制度。排污单位发生事故或者其他突然性事件，排放污染物超过正常排放量，造成或者可能造成水污染事故的，必须立即采取应急措施，通报可能受到水污染危害和损害的单位，并向当地环境保护部门报告。船舶造成污染事故的，应当向就近的行政机关报告接受调查处理。造成渔业污染事故的，应当接受渔政监督管理机构的调查处理。

5　我国法律对防止陆地水污染采取哪些措施？

根据《水污染防治法》的相关规定，陆地水污染防治主要涉及以下几个方面的措施：

（1）有关水污染物排放的禁止性规定：禁止向水体排放油类、酸液、碱液或者剧废液；禁止使用水体清洗装贮过油类或者有毒污染物的车辆和容器；禁止将含有汞、镉砷、铬、铅、氰化物、黄磷等的可溶性剧毒废渣向水体排放、倾倒或者直接埋入地下；禁止向水体排放、倾倒工业废渣、城市垃圾和其他废弃物；禁止在江河、湖泊、运河、渠道、水库最高水位线以下的滩地和岸坡堆放、存贮固体废弃物和其他污染物；禁止向水体排放或者倾倒放射性固体废弃物或者含有高放射性和中放射性物质的废水。

（2）有关水污染物的限排规定：向水体排放含热废水，应当采取措施，保证水体的水温符合水环境质量标准，防止热污染危害；排放含病原体的污水，必须经过消毒处理，符合国家有关标准后，方准排放；向农田灌溉渠道排放工业废水和城市污水，应当保证其下游最近的灌溉取水点的水质符合农田灌溉水质标准；用工业废水和城市污水进行灌溉，应当防止污染土壤、地下水和农产品。

（3）防止农药和化肥对水体的污染的规定：使用农药，应当符合国家有关农药安全使用的规定和标准。运输、存贮农药和处置过期失效农药，必须加强管理，防止造成水污染。县级以上地方政府的农业管理部门和其他有关部门，应当采取措施，指导农业生产者科学、合理地施用化肥和农药，控制化肥和农药的过量使用，防止造成水污染。

（4）防止船舶污染水体的规定：船舶排放含油污水、生活污水，必须符合船舶污染物排放标准。从事海洋航运的船舶，进入内河和港口的，应当遵守内河的船舶污染物排放标准。船舶的残油、废油必须回收，禁止排入水体。禁止向水体倾倒船舶垃圾。船舶装载运输油类或者有毒货物，必须采取防止溢流和渗漏的措施，防止货物落水造成水污染。

6 我国法律对于防止地下水污染是怎样规定的？

我国法律对于防止地下水污染是这样规定的：（1）禁止企事业单位利用渗井、渗坑、裂隙和溶洞排放、倾倒含有毒污染物的废水、含病原体的污水和其他废弃物。（2）在无良好隔渗地层，禁止企事业单位使用无防止渗漏措施的沟渠、坑塘等输送或者存贮含有毒污染物的废水、含病原体的污水和其他废弃物。（3）在开采多层地下水的时候，如果各含水层的水质差异大，应当分层开采；对已受污染的潜水和承压水，不得混合开采。（4）兴建地下工程设施或者进行地下勘探、采矿等活动，应当采取防护性措施，防止地下水污染。（5）人工回灌补给地下水，不得恶化地下水质。

7 我国法律对于大气污染防治实行什么样的监督管理制度？

根据《大气污染防治法》的有关规定，大气污染防治的监督管理制度主要包括以下方面：

（1）新建、扩建、改建向大气排放污染物的项目，必须遵守国家有关建设项目环境影响评价制度的规定。

（2）向大气排放污染物的，其污染物排放浓度不得超过国家和地方规定的排放标准。

（3）国家实行按照向大气排放污染物的种类和数量征收排污费的制度。征收排污费必须遵守国家规定的标准，征收的排污费一律上缴财政，按照国务院的规定用于大气污染防治，不得挪作他用，并由审计机关依法实施审计监督。

（4）国务院和省级政府对尚未达到规定的大气环境质量标准的区域和国务院批准划定的酸雨控制区、二氧化硫污染控制区，可以划定为主要大气污染物排放总量控制区。控制区内有关地方政府依照国务院规定的条件和程序，按照公开、公平、公正的原则，核定企事业单位的主要大气污染物排放总量，核发主要大气污染物排放许可证。有大气污染物总量控制任务的企业事业单位，必须按照核定的主要大气污染物排放总量和许可证规定的排放条件排放污染物。

（5）国务院按照城市总体规划、环境保护规划目标和城市大气环境质量状况，划定大气污染防治重点城市。直辖市、省会城市、沿海开放城市和重点旅游城市应当列入大气污染防治重点城市。未达到大气环境质量标准的大气污染防治重点城市，应当按照国务院或者国务院环境保护行政主管部门规定的期限，达到大气环境质量标准。

（6）国务院环境保护行政主管部门会同国务院有关部门，根据气象、地形、土壤等自然条件，可以对已经产生、可能产生酸雨的地区或者其他二氧化硫污染严重的地区，经国务院批准后，划定为酸雨控制区或者二氧化硫污染控制区。

（7）国家对严重污染大气环境的落后生产工艺和严重污染大气环境的落后设备实行淘汰制度。国务院经济综合主管部门会同国务院有关部门公布限期禁止采用的严重污染大气环境的工艺名录和限期禁止生产、禁止销售、禁止进口、禁止使用的严重污染大气环境的设备名录。企业应当优先采用能源利用效率高、污染物排放量少的清洁生产工艺，减少大气污染物的产生。

生产者、销售者、进口者或者使用者必须在规定的期限内分别停止生产、销售、进口或者使用列入名录中的设备。生产工艺的采用者必须在规定的期限内停止采用。

（8）单位因发生事故或者其他突然性事件，排放和泄漏有毒有害气体和放射性物质，造成或者可能造成大气污染事故、危害人体健康的，必须立即采取防治大气污染危害的应急措施，通报可能受到大气污染危害的单位和居民，并报告当地环境保护行政主管部门，接受调查处理。

在大气受到严重污染，危害人体健康和安全的紧急情况下，当地政府应当及时向当地居民公告，采取强制性应急措施，包括责令有关排污单位停止排放污染物。

（9）国务院环境保护行政主管部门建立大气污染监测制度，组织监测网络，制定统一的监测方法。大、中城市政府环境保护行政主管部门应当定期发布大气环境质量状况公报，并逐步开展大气环境质量预报工作。

8 我国采取哪些措施防治燃煤产生的大气污染？

根据《大气污染防治法》第四章的规定，我国对防治燃煤产生的大气污染采取如下法律措施：

（1）国家推行煤炭洗选加工，降低煤炭的硫分和灰分，限制高硫分、高灰分煤炭的开采。新建煤矿应当同步建设配套的煤炭洗选设施，使煤炭的硫分、灰分含量达到规定标准；已建成的煤矿除所采煤炭属于低硫分、低灰分或者根据已达标排放的燃煤电厂要求不需要洗选的以外，应当限期建成配套的煤炭洗选设施。禁止开采含放射性和砷等有毒有害物质超过规定标准的煤炭。

（2）城市人民政府可以划定并公布高污染燃料禁燃区，并根据大气环境质量改善要求，逐步扩大高污染燃料禁燃区范围。高污染燃料的目录由国务院环境保护主管部门确定。在禁燃区内，禁止销售、燃用高污染燃料；禁止新建、扩建燃用高污染燃料的设施，已建成的，应当在城市人民政府规定的期限内改用天然气、页岩气、液化石油气、电或者其他清洁能源。

（3）县级以上人民政府质量监督部门应当会同环境保护主管部门对锅炉生产、进口、销售和使用环节执行环境保护标准或者要求的情况进行监督检查；不符合环境保护标准或者要求的，不得生产、进口、销售和使用。

（4）燃煤电厂和其他燃煤单位应当采用清洁生产工艺，配套建设除尘、脱硫、脱硝等装置，或者采取技术改造等其他控制大气污染物排放的措施。国家鼓励燃煤单位采用先进的除尘、脱硫、脱硝、脱汞等大气污染物协同控制的技术和装置，减少大气污染物的排放。

9 我国怎样防治机动车船排放污染？

我国《大气污染防治法》第四章规定，机动车船、非道路移动机械不得超过标准排放大气污染物。在用机动车应当按照国家或者地方的有关规定，由机动车排放检验机构定期对其进行排放检验。经检验合格的，方可上道路行驶。未经检验合格的，公安机关交通管理部门不得核发安全技术检验合格标志。机动车维修单位应当按照防治大气污染的要求和国家有关技术规范对在用机动车进行维修，使其达到规定的排放标准。交通运输、环境保护主管部门应当依法加强监督管理。在用重型柴油车、非道路移动机械未安装污染控制装置或者污染控制装置不符合要求，不能达标排放的，应当加装或者更换符合要求的污染控制装置。禁止生产、进口、销售不符合标准的机动车船、非道路移动机械用燃料；禁止向汽车和摩托车销售普通柴油以及其他非机动车用燃料；禁止向非道路移动机械、内河和江海直达船舶销售渣油和重油。

10 我国有关法律对防治废气、粉尘和恶臭污染有哪些规定？

我国有关法律对防治废气、粉尘和恶臭污染的规定主要有：（1）向大气排放粉尘的排污单位，必须采取除尘措施。严格限制向大气排放含有毒物质的废气和粉尘；确需排放的，必须经过净化处理，不超过规定的排放标准。（2）工业生产中产生的可燃性气体应当回收利用，不具备回收利用条件而向大气排放的，应当进行防治污染处理。可燃性气体回收利用装置不能正常作业的，应当及时修复或者更新。在回收利用装置不能正常作业期间确需排放可燃性气体的，应当将排放的可燃性气体充分燃烧或者采取其他减轻大气污染的措施。炼制石油、生产合成氨、煤气和燃煤焦化、有色金属冶炼过程中排放含有硫化物气体的，应当配备脱硫装置或者采取其他脱硫措施。（3）向大气排放含放射性物质的气体和气溶胶，必须符合国家有关放射性防护的规定，不得超过规定的排放标准。（4）向大气排放恶臭气体的排污单位，必须采取措施防止周围居民区受到污染。（5）运输、装卸、贮存能够散发有毒有害气体或者粉尘物质的，必须采取密闭措施或者其他防护措施。（6）城市政府应当采取绿化责任制、加强建设施工管理、扩大地面铺装面积、控制渣土堆放和清洁运输等措施，提高人均占有绿地面积，减少市区裸露地面和地面尘土，防治城市扬尘污染。在城市市区进行建设施工或者从事其他产生扬尘污染活动的单位，必须按照当地环境保护的规定，采取防治扬尘污染的措施。国务院有关行政主管部门应当将城市扬尘污染的控制状况作为城市环境综合整治考核的依据之一。（7）国家鼓励、支持消耗臭氧层物质替代品的生产和使用，逐步减少消耗臭氧层物质的产量，直至停止消耗臭氧层物质的生产和使用。

11 违反环境保护监督管理制度要受到什么行政处罚？违反我国关于建设项目和排污环境保护规定的法律后果是什么？

（1）违反环境保护监督管理制度要受到的行政处罚。根据《环境保护法》第六章规定，企业事业单位和其他生产经营者违法排放污染物，受到罚款处罚，被责令改正，拒不改正的，依法作出处罚决定的行政机关可以自责令改正之日的次日起，按照原处罚数额按日连续处罚。前款规定的罚款处罚，依照有关法律法规按照防治污染设施的运行成本、违法行为造成的直接损失或者违法所得等因素确定的规定执行。企业事业单位和其他生产经营者超过污染物排放标准或者超过重点污染物排放总量控制指标排放污染物的，县级以上人民政府环境保护主管部门可以责令其采取限制生产、停产整治等措施；情节严重的，报经有批准权的人民政府批准，责令停业、关闭。

（2）违反我国关于建设项目和排污环境保护规定的法律后果。根据《环境保护法》第 19 条规定，未依法进行环境影响评价的开发利用规划，不得组织实施；未依法进行环境影响评价的建设项目，不得开工建设。第 61 条规定，建设单位未依法提交建设项目环境影响评价文件或者环境影响评价文件未经批准，擅自开工建设的，由负有环境保护监督管理职责的部门责令停止建设，处以罚款，并可以责令恢复原状。

12 违法造成环境污染事故或经限期治理未完成治理任务的企事业单位，应承担什么样的法律后果？当事人对环保行政处罚不服的，可寻求哪些救济途径？

根据《环境保护法》第 59 条规定，企业事业单位和其他生产经营者违法排放污染物，受到罚款处罚，被责令改正，拒不改正的，依法作出处罚决定的行政机关可以自责令改正之日的次日起，按照原处罚数额按日连续处罚。前款规定的罚款处罚，依照有关法律法规按照防治污染设施的运行成本、违法行为造成的直接损失或者违法所得等因素确定的规定执行。地方性法规可以根据环境保护的实际需要，增加第一款规定的按日连续处罚的违法行为的种类。

当事人对环保行政处罚不服的，法律救济途径主要有两条：一是向作出处罚决定的上一级机关申请复议；二是向人民法院提起行政诉讼。

13 我国对于草原资源实行什么样的方针和管理体制？我国有关法律对于草原权属是怎样规定的？

根据《草原法》的规定，为了保护、建设和合理利用草原，改善生态环境，维护生物多样性，发展现代畜牧业，促进经济和社会的可持续发展，国家对草原实行科学规划、全面保护、重点建设、合理利用的方针，促进草原的可持续利用和生态、经济社会的协调发展。国务院草原行政主管部门主管全国草原监督管理工作。县级以上地方政府草原行政主管部门主管本行政区域内草原监督管理工作。乡（镇）政府应当加强对本行政区域内草原保护、建设和利用情况的监督检查，根据需要可以设专职或者兼职人员负责具体监督检查工作。

根据《宪法》《草原法》的相关规定，草原属于国家所有，由法律规定属于集体所有的除外。国家所有的草原，由国务院代表国家行使所有权。任何单位或者个人不得侵占、买卖或者以其他形式非法转让草原。国家所有的草原，可以依法确定给全民所有制单位、集体经济组织等使用。使用草原的单位，应当履行保护、建设和合理利用草原的义务。依法确定给全民所有制单位、集体经济组织等使用的国家所有的草原，由县级以上政府登记，核发使用权证，确认草原使用权。未确定使用权的国家所有的草原，由县级以上政府登记造册，并负责保护管理。集体所有的草原，由县级政府登记，核发所有权证，确认草原所有权。依法改变草原权属的，应当办理草原权属变更登记手续。依法登记的草原所有权和使用权受法律保护，任何单位或者个人不得侵犯。

14 怎样承包经营草原资源?

我国对承包经营草原资源的规定。根据《草原法》第 13 条的规定，集体所有的草原或者依法确定给集体经济组织使用的国家所有的草原，可以由本集体经济组织内的家庭或者联户承包经营。在草原承包经营期内，不得对承包经营者使用的草原进行调整；个别确需适当调整的，必须经本集体经济组织成员的村（牧）民会议三分之二以上成员或者三分之二以上村（牧）民代表的同意，并报乡（镇）政府和县级政府草原行政主管部门批准。集体所有的草原或者依法确定给集体经济组织使用的国家所有的草原由本集体经济组织以外的单位或者个人承包经营的，必须经本集体经济组织成员的村（牧）民会议三分之二以上成员或者三分之二以上村（牧）民代表的同意，并报乡（镇）政府批准。

承包经营草原，发包方和承包方应当签订书面合同。草原承包合同的内容应当包括双方的权利和义务、承包草原实际界线、面积和等级、承包期和起止日期、承包草原用途和违约责任等。承包期届满，原承包经营者在同等条件下享有优先承包权。承包经营草原的单位和个人，应当履行保护、建设和按照承包合同约定的用途合理利用草原的义务。

草原承包经营权受法律保护，可以按照自愿、有偿的原则依法转让。草原承包经营权转让的受让方必须具有从事畜牧业生产的能力，并应当履行保护、建设和按照承包合同约定的用途合理利用草原的义务。草原承包经营权转让应当经发包方同意。承包方与受让方在转让合同中约定的转让期限，不得超过原承包合同剩余的期限。

15 草原资源应如何依法利用？我国对草原资源实行什么样的保护措施？

草原承包经营者应当合理利用草原，不得超过草原行政主管部门核定的载畜量；草原承包经营者应当采取种植和储备饲草饲料、增加饲草饲料供应量、调剂处理牲畜、优化畜群结构、提高出栏率等措施，保持草畜平衡。牧区的草原承包经营者应当实行划区轮牧，合理配置畜群，均衡利用草原。

国家提倡在农区、半农半牧区和有条件的牧区实行牲畜圈养。草原承包经营者应当按照饲养牲畜的种类和数量，调剂、储备饲草饲料，采用青贮和饲草饲料加工等新技术，逐步改变依赖天然草地放牧的生产方式。在草原禁牧、休牧、轮牧区，国家对实行舍饲圈养的给予粮食和资金补助，具体办法由国务院或者国务院授权的有关部门规定。县级以上地方政府草原行政主管部门对割草场和野生草种基地应当规定合理的割草期、采种期以及留茬高度和采割强度，实行轮割轮采。遇到自然灾害等特殊情况，需要临时调剂使用草原的，按照自愿互利的原则，由双方协商解决；需要跨县临时调剂使用草原的，由有关县级政府或者共同的上级政府组织协商解决。

进行矿藏开采和工程建设，应当不占或者少占草原；确需征用或者使用草原的，必须经省级以上政府草原行政主管部门审核同意后，依照有关土地管理的法律、行政法规办理建设用地审批手续。因建设征用集体所有的草原的，应当依照《土地管理法》的规定给予补偿；因建设使用国家所有的草原的，应当依照国务院有关规定对草原承包经营者给予补偿。因建设征用或者使用草原的，应当缴纳草原植被恢复费。草原植被恢复费专款专用，由草原行政主管部门按照规定用于恢复草原植被，任何单位和个人不得截留、挪用。需要临时占用草原的，应当经县级以上地方政府草原行政主管部门审核同意。

在草原上修建直接为草原保护和畜牧业生产服务的工程设施，需要使用草原的，由县级以上政府草原行政主管部门批准；修筑其他工程，需要将草原转为非畜牧业生产用地的，必须依法办理建设用地审批手续。

我国对草原资源实行的保护措施有：①国家实行基本草原保护制度。②国务院草原行政主管部门或者省级政府可以按照自然保护区管理的有关规定建立草原自然保护区。③国家对草原实行以草定畜、草畜平衡制度。④禁止开垦草原。⑤禁止在荒漠、半荒漠和严重退化、沙化、盐碱化、石漠化、水土流失的草原以及生态脆弱区的草原上采挖植物和从事破坏草原植被的其他活动。⑥草原防火工作贯彻预防为主、防消结合的方针。⑦县级以上地方政府应当做好草原鼠害、病虫害和毒害草防治的组织管理工作。

16 我国法律对于矿产资源的权属是怎样规定的？

矿产资源是一类重要的自然资源，矿产资源的权利归属状况对于一个国家的经济发展、社会进步和人民生活水平的提高具有十分重要的意义。根据《宪法》《矿产资源法》等有关法律的规定，凡是在我国领域及管辖海域内的矿产资源属于国家所有，由国务院行使国家对矿产资源的所有权。地表或者地下的矿产资源的国家所有权，不因其所依附的土地的所有权或者使用权的不同而改变。国家保障矿产资源的合理开发利用。禁止任何组织或者个人用任何手段侵占或者破坏矿产资源。各级政府必须加强矿产资源的保护工作。

17 矿山企业的设立条件是什么？

设立矿山企业，必须符合国家规定的资质条件，并依照法律和国家有关规定，由审批机关对其矿区范围、矿山设计或者开采方案、生产技术条件、安全措施和环境保护措施等进行审查；审查合格的，方予批准。国家保障依法设立的矿山企业开采矿产资源的合法权益。国有矿山企业是开采矿产资源的主体。

申请开办集体所有制矿山企业或者私营矿山企业，除符合一般法律条件外，还应当具备下列条件：（1）有供矿山建设使用的与开采规模相适应的矿产勘察资料。（2）有经过批准的无争议的开采范围。（3）有与所建矿山规模相适应的资金、设备和技术人员。（4）有与所建矿山规模相适应的，符合国家产业政策和技术规范的可行性研究报告、矿山设计或者开采方案。（5）矿长具有矿山生产、安全管理和环境保护的基本知识。

申请个体采矿应当具备下列条件：（1）有经过批准的无争议的开采范围。（2）有与采矿规模相适应的资金、设备和技术人员。（3）有相应的矿产勘察资料和经批准的开采方案。（4）有必要的安全生产条件和环境保护措施。

18 矿产资源的开采登记如何办理？

根据《矿产资源法》以及相关法律、法规的规定，开采下列矿产资源，由国务院地质矿产主管部门审批登记，颁发采矿许可证：（1）国家规划矿区和对国民经济具有重要价值的矿区内的矿产资源。（2）领海及中国管辖的其他海域的矿产资源。（3）外商投资开采的矿产资源。（4）《矿产资源开采登记管理办法》附录所列的矿产资源。开采石油、天然气矿产的，经国务院指定的机关审查同意后，由国务院地质矿产主管部门登记，颁发采矿许可证。

开采下列矿产资源，由省级政府地质矿产主管部门审批登记，颁发采矿许可证：（1）前述规定以外的矿产储量规模中型以上的矿产资源。（2）国务院地质矿产主管部门授权省级政府地质矿产主管部门审批登记的矿产资源。开采前述规定以外的矿产资源，由县级以上地方政府负责地质矿产管理工作的部门，按照省、自治区、直辖市人民代表大会常务委员会制定的管理办法审批登记，颁发采矿许可证。矿区范围跨县级以上行政区域的，由所涉及行政区域的共同上一级登记管理机关审批登记，颁发采矿许可证。县级以上地方政府负责地质矿产管理工作的部门在审批发证后，应当逐级向上一级政府负责地质矿产管理工作的部门备案。

采矿权申请人申请办理采矿许可证时，应当向登记管理机关提交下列资料：（1）申请登记书和矿区范围图。（2）采矿权申请人资质条件的证明。（3）矿产资源开发利用方案。（4）依法设立矿山企业的批准文件。（5）开采矿产资源的环境影响评价报告。（6）国务院地质矿产主管部门规定提交的其他资料。申请开采国家规划矿区或者对国民经济具有重要价值的矿区内的矿产资源和国家实行保护性开采的特定矿种的，还应当提交国务院有关主管部门的批准文件。申请开采石油、天然气的，还应当提交国务院批准设立石油公司或者同意进行石油、天然气开采的批准文件以及采矿企业法人资格证明。

登记管理机关应当自收到申请之日起40日内，作出准予登记或者不予登记的决定，并通知采矿权申请人。准予登记的，采矿权申请人应当自收到通知之日起30日内，依照有关规定缴纳采矿权使用费，并依法缴纳国家出资勘察形成的采矿权价款，办理登记手续，领取采矿许可证，成为采矿权人。不予登记的，登记管理机关应当向采矿权申请人说明理由。

 对矿产资源应如何依法勘察？矿产资源的开采应遵循哪些具体规定？

（1）矿产资源的依法勘察。①区域地质调查按照国家统一规划进行。区域地质调查的报告和图件按照国家规定验收，提供有关部门使用。矿产资源普查在完成主要矿种普查任务的同时，应当对工作区内包括共生或者伴生矿产的成矿地质条件和矿床工业远景作出初步综合评价。②矿床勘探必须对矿区内具有工业价值的共生和伴生矿产进行综合评价，并计算其储量。未作综合评价的勘探报告不予批准。但是，国务院计划部门另有规定的矿床勘探项目除外。③普查、勘探易损坏的特种非金属矿产、流体矿产、易燃易爆易溶矿产和含有放射性元素的矿产，必须采用省级以上政府有关主管部门规定的普查、勘探方法，并有必要的技术装备和安全措施。④矿产资源勘察的原始地质编录和图件，岩矿心、测试样品和其他实物标本资料，各种勘察标志，应当按照有关规定保护和保存。矿床勘探报告及其他有价值的勘察资料，按照国务院规定实行有偿使用。

（2）矿产资源的开采应遵循如下规定：①开采矿产资源，必须采取合理的开采顺序、开采方法和选矿工艺。矿山企业的开采回采率、采矿贫化率和选矿回收率应当达到设计要求。②在开采主要矿产的同时，对具有工业价值的共生和伴生矿产应当统一规划，综合开采，综合利用，防止浪费；对暂时不能综合开采或者必须同时采出而暂时还不能综合利用的矿产以及含有用组分的尾矿，应当采取有效的保护措施，防止损失破坏。

③开采矿产资源，必须遵守国家劳动安全卫生规定，具备保障安全生产的必要条件；须遵守有关环境保护的法律规定，防止污染环境；应当节约用地。耕地、草原、林地因采矿受到破坏的，矿山企业应当因地制宜地采取复垦利用、植树种草或者其他利用措施。开采矿产资源给他人生产、生活造成损失的，应当负责赔偿，并采取必要的补救措施。④在建设铁路、工厂、水库、输油管道、输电线路和各种大型建筑物或者建筑群之前，建设单位必须向所在省、自治区、直辖市地质矿产主管部门了解拟建工程所在地区的矿产资源分布和开采情况。非经国务院授权部门的批准，不得压覆重要矿床。国务院规定由指定的单位统一收购的矿产品，任何其他单位或者个人不得收购；开采者不得向非指定单位销售。

20 我国有关法律对于集体矿山企业和个体采矿有什么特殊规定？

根据《矿产资源法》第35条的规定，国家对集体矿山企业和个体采矿实行积极扶持、合理规划、正确引导、加强管理的方针，鼓励集体矿山企业开采国家指定范围内的矿产资源，允许个人采挖零星分散资源和只能用作普通建筑材料的砂、石、黏土以及为生活自用采挖少量矿产。矿产储量规模适宜由矿山企业开采的矿产资源、国家规定实行保护性开采的特定矿种和国家规定禁止个人开采的其他矿产资源，个人不得开采。

集体所有制矿山企业可以开采下列矿产资源：（1）不适于

国家建设大、中型矿山的矿床及矿点。（2）经国有矿山企业同意，并经其上级主管部门批准，在其矿区范围内划出的边缘零星矿产。（3）矿山闭坑后，经原矿山企业主管部门确认可以安全开采并不会引起严重环境后果的残留矿体。（4）国家规划可以由集体所有制矿山企业开采的其他矿产资源。

集体所有制矿山企业开采第二项所列矿产资源时，必须与国有矿山企业签订合理开发利用矿产资源和矿山安全协议，不得浪费和破坏矿产资源，并不得影响国有矿山企业的生产安全。私营矿山企业开采矿产资源的范围参照法律对于集体企业的规定执行。

个体采矿者可以采挖下列矿产资源：（1）零星分散的小矿体或者矿点。（2）只能用作普通建筑材料的砂、石、黏土。

集体矿山企业和个体采矿者应当提高技术水平，提高矿产资源回收率。禁止乱挖滥采，破坏矿产资源。集体矿山企业必须测绘井上、井下工程对照图。县级以上政府应当指导、帮助集体矿山企业和个体采矿进行技术改造，改善经营管理，加强安全生产。

国家依法保护集体所有制矿山企业、私营矿山企业和个体采矿者的合法权益，依法对集体所有制矿山企业、私营矿山企业和个体采矿者进行监督管理。国家指导、帮助集体矿山企业和个体采矿者不断提高技术水平、资源利用率和经济效益。地质矿产主管部门、地质工作单位和国有矿山企业应当按照积极支持、有偿互惠的原则向集体矿山企业和个体采矿者提供地质资料和技术服务。

21 矿产资源补偿费是如何征收的？在什么情况下，可以免缴或者减缴矿产资源补偿费？

根据《矿产资源法》《矿产资源补偿费征收管理规定》等有关法律、法规的规定，凡是在我国领域和其他管辖海域开采矿产资源，都应当依法缴纳矿产资源补偿费；法律、行政法规另有规定的，从其规定。

（1）矿产资源补偿费按照矿产品销售收入的一定比例计征。企业缴纳的矿产资源补偿费列入管理费用。采矿权人对矿产品自行加工的，按照国家规定价格计算销售收入；国家没有规定价格的，按照征收时矿产品的当地市场平均价格计算销售收入。采矿权人向境外销售矿产品的，按照国际市场销售价格计算销售收入。

（2）矿产资源补偿费由采矿权人缴纳。矿产资源补偿费以矿产品销售时使用的货币结算；采矿权人对矿产品自行加工的，以其销售最终产品时使用的货币结算。矿产资源补偿费依照规定的费率征收。

（3）矿产资源补偿费由地质矿产主管部门会同财政部门征收。矿区在县级行政区域内的，矿产资源补偿费由矿区所在地的县级政府负责地质矿产管理工作的部门负责征收。矿区范围跨县级以上行政区域的，矿产资源补偿费由所涉及行政区域的共同上一级政府负责地质矿产管理工作的部门负责征收。矿区范围跨省级行政区域和在我国领海与其他管辖海域的，矿产资源补偿费由国务院地质矿产主管部门授权的省级政府地质矿产主管部门负责征收。

（4）征收的矿产资源补偿费，应当及时全额就地上缴中央金库，年终按照下款规定的中央与省、自治区、直辖市的分成比例，单独结算。中央与省、直辖市矿产资源补偿费的分成比例为5∶5；中央与自治区矿产资源补偿费的分成比例为4∶6。矿产资源补偿费纳入国家预算，实行专项管理，主要用于矿产资源勘察。

采矿权人有下列情形之一的，经省级政府地质矿产主管部门会同同级财政部门批准，可以免缴矿产资源补偿费：①从废石（矸石）中回收矿产品的。②按照国家有关规定经批准开采已关闭矿山的非保安残留矿体的。③国务院地质矿产主管部门会同国务院财政部门认定免缴的其他情形。

采矿权人有下列情况之一的，经省级政府地质矿产主管部门会同同级财政部门批准，可以减缴矿产资源补偿费：①从尾矿中回收矿产品的。②开采未达到工业品位或者未计算储量的低品位矿产资源的。③依法开采水体下、建筑物下、交通要道下的矿产资源的。④由于执行国家定价而形成政策性亏损的。⑤国务院地质矿产主管部门会同国务院财政部门认定减缴的其他情形。采矿权人减缴的矿产资源补偿费超过应当缴纳的矿产资源补偿费50%的，须经省级政府批准。批准减缴矿产资源补偿费的，应当报国务院地质矿产主管部门和国务院财政部门备案。

22 我国法律、法规对于煤炭生产许可有什么特殊规定？

中国是煤炭生产与使用大国，每年消耗煤炭超过30亿吨。

为确保煤炭资源合理开发使用，减少行政审批环节，2013年国家正式取消了实行将近20年的煤炭生产许可证和实行了将近10年的煤炭经营许可证。在煤炭生产环节，企业只需取得采矿许可证、安全生产许可证、营业执照、矿长资格证、矿长安全资格证等五个资格证就可以生产。

国家发改委、能源局2016年12月30日对外发布《煤炭工业发展“十三五”规划》，将以大型煤炭基地为重点，统筹资源禀赋、开发强度、市场区位、环境容量、输送通道等因素，优化煤炭生产布局，到2020年实现产、运、需基本平衡。

（1）生产开发布局。加快大型煤炭基地外煤矿关闭退出，降低鲁西、冀中、河南、两淮大型煤炭基地生产规模，控制蒙东（东北）、晋北、晋中、晋东、云贵、宁东大型煤炭基地生产规模，有序推进陕北、神东、黄陇、新疆大型煤炭基地建设，到2020年，煤炭生产开发进一步向大型煤炭基地集中，14个大型煤炭基地产量37.4亿吨，占全国煤炭产量的95%以上。

（2）生产开发规模。按照减量置换原则，严格控制煤炭新增规模。东部原则上不再新建煤矿。中部和东北地区从严控制煤矿，中部地区新开工规模占全国的12%，东北地区新开工规模约占全国的1%。西部地区结合煤电和煤炭深加工项目用煤需要，配套建设一体化煤矿，新开工规模约占全国的87%。内蒙古、陕西、新疆为重点建设省（区），新开工规模约占全国的80%。新开工项目结合过剩产能化解效果和市场情况，另行安排。

23 什么是环境及环境保护法？我国环境保护法体系的基本内容是什么？

环境在一般意义上是一个相对的、可变的概念，通常意义上是指围绕某一中心事物的周围事物。中心事物不同，围绕这一中心事物的周围事物也不尽相同。因此，作为法律保护对象的环境与日常生活中的环境和作为环境科学研究对象的环境等是完全不同的概念。环境保护法第2条规定："本法所称环境，是指影响人类生存和发展的各种天然的和经过人工改造的自然因素的总体，包括大气、水、海洋、土地、矿藏、森林、草原、湿地、野生生物、自然遗迹、人文遗迹、自然保护区、风景名胜区、城市和乡村等。"这一规定表明，环境保护法所指的环境既包括生活环境，也包括生态环境，体现了"大环境"的含义，揭示了法律意义上环境的本质，即是人赖以生存和发展的各种自然因素的总体。环境保护法对环境的定义所采用的概括与列举相结合的方式与国际法所指的环境相一致。

环境保护法在广义上又称为环境法，是调整因开发、利用、保护和改善人类环境而产生的社会关系的法律规范的总称。环境保护法并非指某个具体的法律法规，而是所有与环境有关的法律规范的总称。其内容主要包括两个方面：一是关于合理开发利用自然环境要素，防止环境破坏的法律规范；二是关于防治环境污染和其他公害，改善环境的法律规范。另外还包括防止自然灾害和减轻自然灾害对环境造成不良影响的法律规范。环境保护法除具有法律的一般特征外，还具有综合性、科学技术性、公益性、世界共同性、地区特殊性等特征。

我国的环境保护法是在20世纪70年代末以后迅速发展起来的，目前已经初步形成了包括环境保护的宪法规范，环境保护基本法，环境保护单行法和环境保护法规、规章组成的体系，成为我国整个法律体系中的一个独立法律部门。我国环境保护法体系的基本内容具体包括：宪法关于环境保护的规范；环境保护基本法律规范；专门性环境保护法律规范；环境标准；其他法律部门中环境保护的法律规范；环境纠纷解决程序法律规范；地方环境法律规范；我国加入的保护环境的国际公约；等等。

环境保护基本法律规范是指《环境保护法》。《环境保护法》是一部综合性的环境保护基本法，是制定专门性环境保护单性法规的依据。该法对环境保护的目的、任务、对象、基本原则、制度以及防治环境污染、保护和改善环境的基本要求、环境监督管理职权、环境保护法律责任等作出了原则性的规定。

专门性法律规范的范围和内容广泛，主要包括污染防治的法律规范，如水污染防治法、大气污染防治法、噪声污染防治法等；自然保护的法律规范，如森林法、水法、野生动物保护法、水土保持法等；文化环境保护法，如风景名胜区保护条例、自然保护区条例等；环境管理、监督、监测及保证法律实施的法规，如环境监测管理条例、建设项目环境保护管理办法，报告环境污染与破坏事故的暂行办法，环境保护行政处罚办法等。环境标准主要包括环境质量标准、污染物排放标准、基础标准和方法标准以及标准样品标准等。我国缔结和参加的环境保护国际条约也是我国环境保护法体系的组成部分。

24 什么是清洁生产？清洁生产的内容是什么？

清洁生产是指不断采取改进设计、使用清洁的能源和原料、采用先进的工艺技术与设备、改善管理、综合利用等措施，从源头削减污染，提高资源利用效率，减少或者避免生产、服务和产品使用过程中污染物的产生和排放，以减轻或者消除对人类健康和环境的危害。通俗地讲，清洁生产不是把注意力放在末端，而是将节能减排的压力消解在生产全过程中。

清洁生产具有重大意义：（1）清洁生产的核心是“节能、降耗、减污、增效”。作为一种全新的发展战略，清洁生产改变了过去被动、滞后的污染控制手段，强调在污染发生之前就进行削减。这种方式不仅可以减小末端治理的负担，而且有效避免了末端治理的弊端，是控制环境污染的有效手段。（2）清洁生产对于企业实现经济、社会和环境效益的统一，提高市场竞争力也具有重要意义。

为了推动清洁生产工作，国家有关部门先后出台了《清洁生产促进法》《清洁生产审核暂行办法》等法律法规，使清洁生产由一个抽象的概念，转变成一个量化的、可操作的、具体的工作。通过清洁生产标准规定的定量和定性指标，一个企业可以与国际同行进行比较，从而找到努力的方向。

“十三五”规划针对提升绿色设计能力、有毒有害原料替代、生产过程清洁化改造、绿色产品开发推广、创新清洁生产管理服务等任务，确定了五大重点行动计划：

一是实施绿色产品设计示范推进计划。积极推进绿色设计试点示范，培育一批在绿色发展意识、绿色设计能力、管理制度建设、清洁生产水平、品牌影响等方面具有较高水平的绿色设计示范企业。

二是实施重点区域清洁生产水平提升行动。落实《大气污染防治行动计划》，削减二氧化硫、氮氧化物、烟（粉）尘、挥发性有机物产生量和控制排放量，组织实施重点区域清洁生产水平提升行动计划，促进区域环境大气质量持续改善。

三是实施重点流域清洁生产水平提升行动。落实《水污染防治行动计划》，降低工业废水排放量及化学需氧量、氨氮、总氮、总磷等污染物的排放强度和总量。

四是实施特征污染物削减计划。以挥发性有机物、持久性有机物、重金属等污染物削减为目标，围绕重点行业、重点领域组织实施工业特征污染物削减计划。

五是中小企业清洁生产推行计划。提升中小企业清洁生产技术研发应用水平，开展政府购买清洁生产服务试点，构建“互联网 +”清洁生产信息化服务平台，组织实施中小企业清洁生产培训计划。

25 排放污染物应当向哪个部门申报登记？

根据《海洋环境保护法》规定，排放陆源污染物的单位，必须向环境保护行政主管部门申报拥有的陆源污染物排放设施、处理设施和在正常作业条件下排放陆源污染物的种类、数量和浓度，并提供防治海洋环境污染方面的有关技术和资料。排放陆源污染物的种类、数量和浓度有重大改变的，必须及时申报。拆除或者闲置陆源污染物处理设施的，必须事先征得环境保护行政主管部门的同意。

根据《水污染防治法》规定，直接或者间接向水体排放污染物的企事业单位和个体工商户，应当按照国务院环境保护主管部门的规定，向县级以上地方人民政府环境保护主管部门申报登记拥有的水污染物排放设施、处理设施和在正常作业条件下排放水污染物的种类、数量和浓度，并提供防治水污染方面的有关技术资料。企事业单位和个体工商户排放水污染物的种类、数量和浓度有重大改变的，应当及时申报登记；其水污染物处理设施应当保持正常使用；拆除或者闲置水污染物处理设施的，应当事先报县级以上地方人民政府环境保护主管部门批准。

根据《固体废物污染环境防治法》规定，国家实行工业固体废物申报登记制度。产生工业固体废物的单位必须按照国务院环境保护行政主管部门的规定，向所在地县级以上地方人民政府环境保护行政主管部门提供工业固体废物的种类、产生量、流向、贮存、处置等有关资料。前款规定的申报事项有重大改变的，应当及时申报。

根据《环境噪声污染防治法》规定，（1）在城市范围内从事生产活动确需排放偶发性强烈噪声的，必须事先向当地公安机关提出申请，经批准后方可进行。当地公安机关应当向社会公告。（2）在工业生产中因使用固定的设备造成环境噪声污染的工业企业，必须按照国务院环境保护行政主管部门的规定，向所在地的县级以上地方人民政府环境保护行政主管部门申报拥有的造成环境噪声污染的设备的种类、数量以及在正常作业条件下所发出的噪声值和防治环境噪声污染的设施情况，并提供防治噪声污染的技术资料。（3）在城市市区范围内，建筑施工过程中使用机械设备，可能产生环境噪声污染的，施工单位必须在工程开工 15 日前向工程所在地县级以上地方人民政府环境保护行政主管部门申报该工程的项目名称、施工场所和期限、可能产生的环境噪声值以及所采取的环境噪声污染防治措施的情况。（4）在城市市区噪声敏感建筑物集中区域内，因商业经营活动中使用固定设备造成环境噪声污染的商业企业，必须按照国务院环境保护行政主管部门的规定，向所在地的县级以上地方人民政府环境保护行政主管部门申报拥有的造成环境噪声污染的设备的状况和防治环境噪声污染的设施的情况。

26 排污收费项目包括哪些？排污者应当如何缴纳排污费？

根据《排污费征收标准管理办法》规定，县级以上地方人民政府环境保护行政主管部门应按下列排污收费项目向排污者征收排污费：

（1）污水排污费。①对向水体排放污染物的，按照排放污染物的种类、数量计征污水排污费；超过国家或者地方规定的水污染物排放标准的，按照排放污染物的种类、数量和本办法规定的收费标准计征的收费额加 1 倍征收超标准排污费。②对向城市污水集中处理设施排放污水、按规定缴纳污水处理费的，不再征收污水排污费。③对城市污水集中处理设施接纳符合国家规定标准的污水，其处理后排放污水的有机污染物（化学需氧量、生化需氧量、总有机碳）、悬浮物和大肠菌群超过国家或地方排放标准的，按上述污染物的种类、数量和本办法规定的收费标准计征的收费额加1倍向城市污水集中处理设施运营单位征收污水排污费，对氨氮、总磷暂不收费。对城市污水集中处理设施达到国家或地方排放标准排放的水，不征收污水排污费。（2）废气排污费。对向大气排放污染物的，按照排放污染物的种类、数量计征废气排污费。对机动车、飞机、船舶等流动污染源暂不征收废气排污费。（3）固体废物及危险废物排污费。对没有建成工业固体废物贮存、处置设施或场所，或者工业固体废物贮存、处置设施或场所不符合环境保护标准的，按照排放污染物的种类、数量计征固体废物排污费。对以填埋方式处置危险废物不符合国务院环境保护行政主管部门规定的，按照危险废物的种类、数量计征危险废物排污费。（4）噪声超标排污费。对环境噪声污染超过国家环境噪声排放标准，且干扰他人正常生活、工作和学习的，按照噪声的超标分贝数计征噪声超标排污费。对机动车、飞机、船舶等流动污染源暂不征收噪声超标排污费。除《排污费征收使用管理条例》规定的污染物排放种类、数量核定方法外，市（地）级以上环境保护行政主管部门可结合当地实际情况，对餐饮、娱乐等服务行业的小型排污者，采用抽样测算的办法核算排污量，核算办法应当向社会公开，并按本办法规定征收排污费。

根据《排污费征收使用管理条例》规定，排污者应当按照下列规定缴纳排污费：（1）依照大气污染防治法、海洋环境保护法的规定，向大气、海洋排放污染物的，按照排放污染物的种类、数量缴纳排污费。（2）依照水污染防治法的规定，向水体排放污染物的，按照排放污染物的种类、数量缴纳排污费；向水体排放污染物超过国家或者地方规定的排放标准的，按照排放污染物的种类、数量加倍缴纳排污费。(3)依照固体废物污染环境防治法的规定，以填埋方式处置危险废物不符合国务院环境保护行政主管部门规定的，应当缴纳危险废物排污费。危险废物排污费征收的具体办法由国务院规定。(4)依照环境噪声污染防治法的规定，产生环境噪声污染超过国家环境噪声标准的，按照排放噪声的超标声级缴纳排污费。排污者缴纳排污费，不免除其防治污染、赔偿污染损害的责任和法律、行政法规规定的其他责任。负责污染物排放核定工作的环境保护行政主管部门，应当根据排污费征收标准和排污者排放的污染物种类、数量，确定排污者应当缴纳的排污费数额，并予以公告。

排污费数额确定后，由负责污染物排放核定工作的环境保护行政主管部门向排污者送达排污费缴纳通知单。排污者应当自接到排污费缴纳通知单之日起 7 日内，到指定的商业银行缴纳排污费。商业银行应当按照规定的比例将收到的排污费分别解缴中央国库和地方国库。具体办法由国务院财政部门会同国务院环境保护行政主管部门制定。排污者因不可抗力遭受重大经济损失的，可以申请减半缴纳排污费或者免缴排污费。排污者因未及时采取有效措施，造成环境污染的，不得申请减半缴纳排污费或者免缴排污费。排污费减缴、免缴的具体办法由国务院财政部门、国务院价格主管部门会同国务院环境保护行政主管部门制定。排污者因有特殊困难不能按期缴纳排污费的，自接到排污费缴纳通知单之日起 7 日内，可以向发出缴费通知单的环境保护行政主管部门申请缓缴排污费；环境保护行政主管部门应当自接到申请之日起 7 日内，作出书面决定；期满未作出决定的，视为同意。排污费的缓缴期限最长不超过3个月。批准减缴、免缴、缓缴排污费的排污者名单由受理申请的环境保护行政主管部门会同同级财政部门、价格主管部门予以公告，公告应当注明批准减缴、免缴、缓缴排污费的主要理由。

27 什么是限期治理制度？限期治理的期限有多长？

限期治理制度是指对环境污染严重、群众反映强烈的重点排污单位和在特殊保护区域内超标排污的已有设施，依法采取限定时间、限定效果完成治理任务的法律规范体系。限期治理是减轻或者消除现有污染源的污染，改善环境质量状况的一项环境法律制度。限期治理制度是我国环境管理中普遍采用的一项制度。《环境保护法》第28条规定，地方各级人民政府应当根据环境保护目标和治理任务，采取有效措施，改善环境质量。未达到国家环境质量标准的重点区域、流域的有关地方人民政府，应当制定限期达标规划，并采取措施按期达标。

国务院1996年8月3日颁布的《关于环境保护若干问题的决定》规定，自该决定发布之日起，现有排污单位超标排放污染物的，由县级以上人民政府或其委托的环境保护行政主管部门依法责令限期治理。限期治理的期限可视不同情况定为1~3年；对逾期未完成治理任务的，由县级以上人民政府依法责令其关闭、停业或转产。国家环保局、国家计委、国家经贸委要对重点限期治理项目进行指导、监督、检查。国务院法制办公室《关于如何确定限期治理具体期限的复函》

中指出:《关于环境保护若干问题的决定》中“关于限期治理的期限可视不同情况定为1~3年”的规定，是在当时情况下提出的到2000年环境的治理应当达到的目标。地方人民政府应当按照决定的精神，根据当地的实际情况，确定限期治理的具体期限。可见，被限期治理的单位必须按期完成治理任务。一般情况下，限期治理的期限由约定限期治理的机关视不同情况定为1~3年，但法律有其他规定的，执行其他规定。如《水污染防治法》第74条规定，限期治理期间，由环境保护主管部门责令限制生产、限制排放或者停产整治，限期治理的期限最长不超过一年，逾期未完成治理任务的，报经有批准权的人民政府批准，责令关闭。

28 环境行政处罚有哪些主要形式？环境刑事责任主要由哪些要素构成？

环境行政处罚的主要形式有:（1）警告，是最轻的行政处罚，是环境行政执法者对行政违法者进行批评教育、谴责和警戒。（2）罚款，是最普遍的经济制裁手段，是由环境保护监督管理部门强制行政违法者根据其造成后果的严重程度向国家缴纳一定数额的款项，一般的法律中都有对罚款金额上限和下限的规定。行政处罚中的罚款属于财产处罚，与民事责任中的赔偿损失和刑法中的罚金是有区别的。（3）责令重新安装使用，建设项目中防治污染的设施，应当与主体工程同时设计、同时施工、同时投产使用。防治污染的设施应当符合经批准的环境影响评价文件的要求，不得擅自拆除或者闲置。如拆除，可责令重新安装使用。（4）责令停止生产或使用，是指建设项目的防治污染设施没有建成或者没有达到国家规定的要求，投入生产或者使用的，由批准该建设项目的环境影响报告书的环境保护行政主管部门责令停止生产或者使用。一旦实行这种处罚，该项目就必须等到污染达标后方能开始。（5）责令停业、关闭，这是环境保护方面最严厉的行政处罚，主要适用于限期治理逾期未完成治理任务的企事业单位。如果经限期治理污染状况有所改善，该单位在国民经济中的地位又十分重要，可以由罚款暂代，并由有关部门督促其继续治理。

环境犯罪行为是由犯罪客体、犯罪的客观要件、犯罪主体、犯罪的主观要件构成的。（1）犯罪客体是指犯罪行为侵害的对象，环境犯罪行为的犯罪客体通常是《环境保护法》所规定的公民和企业事业单位依法享有的环境权益。（2）犯罪的客观要件是指犯罪行为本身及其造成的后果。犯罪行为包括主动作为造成后果和不作为导致可避免的未能避免的后果。而损害结果是追究刑事责任的必要条件，环境犯罪行为的损害结果中还包括可能引起危害的行为，这是环境刑事责任较为特殊的地方。（3）犯罪主体是指犯罪行为的行为人，也即刑事责任的承担者。这个行为人可以是个人，也可以是企事业单位。（4）犯罪的主观要件是指犯罪行为人主观上故意或过失的心理状态。环境刑事责任与环境民事责任不同，不能实行无过错责任原则。犯罪人的心理状态必须作为追究环境刑事责任的必要条件。与环境行政责任一样，这里的故意是指明知自己的行为会造成污染或损失并且希望或放任这种情况发生的行为，其中希望属直接故意，放任属间接故意。过失则指行为主体应该预见到自己的行为会造成损失却因疏忽没有预见到或认为可以避免。犯罪行为的主体犯罪心理不同，所需承担的环境责任也不一样。

29 破坏环境资源保护罪主要包括哪些内容？

破坏环境资源保护罪是于 1997 年第八届全国人大修订刑法时写入的，主要包括：

（1）重大环境污染事故罪，是指公民个人或单位违反国家规定，向土地、水体、大气排放、倾倒或者处置有放射性的废物、含传染病病原体的废物、有毒物质或者其他危险废物，造成重大环境污染事故，致使公私财产遭受重大损失或者人身伤亡的严重后果的行为。（2）非法进境倾倒、堆放、处置固体废物罪，是指公民个人或单位违反国家规定，将境外的固体废物进境倾倒、堆放、处置的行为。（3）擅自进口固体废物罪，是指公民个人或单位未经国务院有关主管部门许可，擅自进口固体废物用作原料，造成重大环境污染事故的行为。（4）非法捕捞水产品罪，是指公民个人或单位违反保护水产资源法规，在禁渔区、禁渔期或者使用禁用的工具、方法捕捞水产品。（5）非法猎捕、杀害珍贵、濒危野生动物罪和非法收购、运输、出售珍贵、濒危野生动物及珍贵、濒危野生动物制品罪。（6）非法狩猎罪，是指公民个人或单位违反《狩猎法》规定，在禁猎区、禁猎期或者使用禁用的工具、方法进行狩猎，破坏野生动物资源的行为。（7）非法占用耕地罪，公民个人或单位违反《土地管理法》规定，非法占用耕地改作他用，数量较大，造成耕地大量毁坏的行为。（8）非法采矿罪。（9）破坏性采矿罪，是指公民个人或单位违反《矿产资源法》的规定，采取破坏性的方法开采矿产资源，造成矿产资源严重破坏的行为。（10）非法采伐、毁坏珍贵树木罪。（11）盗伐林木罪。（12）滥伐林木罪。（13）非法收购盗伐、滥伐的林木罪。

30 环境刑事责任主要有哪些承担形式？

环境刑事法律责任及其承担形式具体如下。

（1）重大环境污染事故罪。《刑法》第338条规定，违反国家规定，排放、倾倒或者处置有放射性的废物、含传染病病原体的废物、有毒物质或者其他有害物质，严重污染环境的，处三年以下有期徒刑或者拘役，并处或者单处罚金；后果特别严重的，处三年以上七年以下有期徒刑，并处罚金。

（2）非法处置或擅自进口固体废物罪。刑法增加了违法进口固体废物要承担刑事责任的规定。违反国家规定，将境外的固体废物进境倾倒、堆放、处置的，处五年以下有期徒刑或者拘役，并处罚金；造成重大环境污染事故，致使公私财产遭受重大损失或者严重危害人体健康的，处五年以上十年以下有期徒刑，并处罚金；后果特别严重的，处十年以上有期徒刑，并处罚金。未经国务院有关主管部门许可，擅自进口固体废物用作原料，造成重大环境污染事故，致使公私财产遭受重大损失或者严重危害人体健康的，处五年以下有期徒刑或者拘役，并处罚金；后果特别严重的，处五年以上十年以下有期徒刑，并处罚金。

（3）破坏自然资源罪。《刑法》第340条至第345条分别规定了破坏水产资源、野生动物、土地、矿产和森林资源的刑事责任。为保护水产资源，《刑法》设定了第340条规定，违反保护水产资源法规，在禁渔区、禁渔期或者使用禁用的工具、方法捕捞水产品，情节严重的，处三年以下有期徒刑、拘役、管制或者罚金。第341条规定，非法猎捕、杀害国家重点保护的珍贵、濒危野生动物的，或者非法收购、运输、出售国家重点保护的珍贵、濒危野生动物及其制品的，处五年以下有期徒刑或者拘役，并处罚金；情节严重的，处五年以上十年以下有期徒刑，并处罚金；情节特别严重的，处十年以上有期徒刑，并处罚金或者没收财产。违反狩猎法规，在禁猎区、禁猎期或者使用禁用的工具、方法进行狩猎，破坏野生动物资源，情节严重的，处三年以下有期徒刑、拘役、管制或者罚金。新刑法第342条规定，违反土地管理法规，非法占用耕地、林地等农用地，改变被占用土地用途，数量较大，造成耕地、林地等农用地大量毁坏的，处五年以下有期徒刑或者拘役，并处或者单处罚金。

（4）破坏矿产资源追究刑事责任的，分为两种情况。一种是违反矿产资源法的规定，未取得采矿许可证擅自采矿，擅自进入国家规划矿区、对国民经济具有重要价值的矿区和他人矿区范围采矿，或者擅自开采国家规定实行保护性开采的特定矿种，情节严重的，处三年以下有期徒刑、拘役或者管制，并处或者单处罚金；情节特别严重的，处三年以上七年以下有期徒刑，并处罚金。另一种是违反矿产资源法的规定，采取破坏性的开采方法开采矿产资源，造成矿产资源严重破坏的，处五年以下有期徒刑或者拘役，并处罚金。

（5）破坏森林资源的犯罪，区别三种情况：盗伐森林或者其他林木，数量较大的，处三年以下有期徒刑、拘役或者管制，并处或者单处罚金；数量巨大的，处三年以上七年以下有期徒刑，并处罚金；数量特别巨大的，处七年以上有期徒刑，并处罚金。

本章案例

60吨有毒废水倾倒污水井

【典型案例】

赵某是A陶瓷公司的员工，去年5月下旬的一天，赵某电话联系了段某，让他找两辆罐车到A陶瓷公司来拉两车工业废水。这些工业废水是A陶瓷公司生产过程中产生的，含有有毒物质。段某随后又把这件事交代给了吉某，段某和吉某都没有污水处理资质。

去年5月25日，吉某安排司机到A陶瓷公司拉走了60吨有毒废水。当日夜间，吉利区下着大雨，在吉某的指示下，22时30分左右，两辆罐车在207国道吉利南段西侧慢车道的一个污水井口处悄悄停下，将含有有毒物质的废水排入用于处理生活污水的管道中，后逃离现场。

据了解，排放时间自22时30分一直持续至次日凌晨。吉利区污水处理厂发现高浓度含酚废水流入后立即报案。吉利警方接到报案后高度重视，成立了“5·26”污染案件专案组。通过仔细的摸底调查，最终，警方锁定车牌号为“豫C×××02”“鲁H×××63”的两辆车，并通过司机查询到幕后指使者吉某，随后吉某被警方控制。

据了解，60吨废水导致吉利区二河道被严重污染。洛阳市环境监测站于5月26日11时25分、16时15分和19时10分对二河道老公路桥下河水的挥发酚的含量进行检测，分别达到国家地面水环境质量标准中三类水体0.005毫克/升的1532、1174、870倍。

经评估事务所估算，吉利区“5·26”污染环境案所造成的经济损失共计728300元。后赵某所在的A陶瓷公司赔偿洛阳市环境保护局吉利环境分局损失115万元。

吉利区法院对此案件进行了公开宣判，法庭上，3名被告人赵某、段某和吉某对公诉机关指控的犯罪事实均无异议，表示认罪服法。最终，吉利区法院以“污染环境罪”分别判决3人有期徒刑一年零六个月缓刑二年，并每人处罚金8万元。

【案例解读】

关于污染环境罪，《刑法》第338条规定，违反国家规定，排放、倾倒或者处置有放射性的废物、含传染病病原体的废物、有毒物质或者其他有害物质，严重污染环境的，处三年以下有期徒刑或者拘役，并处或者单处罚金；后果特别严重的，处三年以上七年以下有期徒刑，并处罚金。赵某、段某和吉某无视法律法规，把60吨有毒废水倾倒于污水井，造成严重的环境污染事故，所造成的经济损失共计728300元，最终被判刑，属于咎由自取。

第7章 农村土地宅基地管理

1 什么是耕地？《基本农田保护条例》对有关如何保护耕地有何规定？

根据《土地管理法》和国土资源部颁布的《土地分类》的规定，耕地是指种植农作物的土地，包括熟地、新开发整理复垦地、休闲地、轮歇地、草田轮作地，以种植农作物为主，间有零星果树、桑树或其他树木的土地，包括平均每年能保证收获一季的已垦滩地和海涂。耕地中还包括南方宽小于一米，北方宽小于两米的沟、渠、路和田埂。

耕地又可分为五种：（1）灌溉水田，指有水源保证和灌溉设施，在一般年景能正常灌溉，用于种植水生作物的耕地，包括灌溉的水旱轮作地。（2）望天收，指无灌溉设施，主要依靠天然降雨，用于种植水生作物的耕地，包括无灌溉设施的水旱轮作地。（3）水浇地，指水田、菜地以外，有水源保证和灌溉设施，在一般年景能正常灌溉的耕地。（4）旱地，指无灌溉设施，靠天然降水种植旱作物的耕地，包括没有灌溉设施，仅靠引洪淤灌的耕地。（5）菜地，指常年种植蔬菜为主的耕地，包括大棚用地。

《基本农田保护条例》对保护耕地有如下规定：（1）《基本

农田保护条例》规定，有下列行为之一的，依照《中华人民共和国土地管理法》和《中华人民共和国土地管理法实施条例》的有关规定，从重给予处罚：①未经批准或者采取欺骗手段骗取批准，非法占用基本农田的；②超过批准数量，非法占用基本农田的；③非法批准占用基本农田的；④买卖或者以其他形式非法转让基本农田的。

（2）应当将耕地划入基本农田保护区而不划入的，由上一级人民政府责令限期改正；拒不改正的，对直接负责的主管人员和其他直接责任人员依法给予行政处分或者纪律处分。

（3）破坏或者擅自改变基本农田保护区标志的，由县级以上单位给予处罚：①任何单位和个人不得在基本农田保护区内建窑、建房、建坟、挖砂、采石、采矿、取土、堆放固体废弃物或者进行其他破坏基本农田的活动。②任何单位和个人不得占用基本农田发展林果业和挖塘养鱼。③任何单位和个人不得闲置、荒芜基本农田。经国务院批准的重点建设项目占用基本农田的，满一年不使用而又可以耕种并收获的，应当由原耕种该基本农田的集体或者个人恢复耕种，也可以由用地单位组织耕种；一年以上未动工建设的，应当按照省、自治区、直辖市的规定缴纳闲置费；连续两年未使用的，经国务院批准，由县级以上人民政府无偿收回用地单位的土地使用权；该幅土地原为农民集体所有的，应当交由原农村集体经济组织恢复耕种，重新划入基本农田保护区。④承包经营基本农田的单位或者个人连续两年弃耕抛荒的，原发包单位应当终止承包合同，收回发包的基本农田。

2 什么是非法占用耕地罪？

非法占用耕地罪，是指违反土地管理法规，非法占用耕地改作他用，数量较大，造成耕地毁坏的行为。构成非法占用耕地罪需要具备以下几个构成要件：（1）犯罪主体。本罪主体为一般主体，包括自然人和法人。对于自然人而言，凡达到刑事责任年龄，具备刑事责任能力的自然人均可成为本罪主体。（2）犯罪的主观方面。本罪的主观方面表现为故意。即明知占用耕地改作他用的行为是违反土地管理法规的，而对于占用耕地改作他用会造成大量耕地被毁坏的结果也是明知的。明知自己的行为会发生危害社会的结果，仍然希望或者放任结果的发生，在主观上为故意。行为人非法占用耕地的动机多种多样，但不影响本罪的成立。（3）犯罪客体。本罪侵犯的客体是国家的土地管理制度。（4）犯罪的客观方面。本罪的客观方面表现为违反土地管理法规，非法占用耕地改作他用，数量较大，造成耕地大量毁坏的行为。

根据《刑法》第342条的规定，违反土地管理法规，非法占用耕地、林地等农用地，改变被占用土地用途，数量较大，造成耕地、林地等农用地大量毁坏的，处五年以下有期徒刑或者拘役，并处或者单处罚金。

3 什么是农村居民宅基地？

在农民集体土地使用权的基础上，按照使用目的的不同为标准，可以把农民集体土地使用权划分为农地使用权（承包经营权）

与乡（镇）、村建设用地使用权两类。按照具体用途的不同，还可以把乡（镇）、村建设用地使用权进一步细分为乡（镇）、村企业用地使用权、乡（镇）、村公益用地使用权和农村宅基地使用权。

宅基地作为与房屋不可分离的组成部分，是指专门用于建造房屋（住宅）为目的的那部分土地。也就是说，宅基地是指建了房屋、建过房屋或者决定用于建造房屋的土地，包括建了房屋的土地，建过房屋但已无上盖物、不能居住的土地以及准备建房用的规划地三种类型。

根据我国农民的长期生活习惯，农村居民宅基地一般包括居住生活用地，如住房、厨房、牲畜房、仓库、农机房、厕所用地；四旁绿化用地，如房前屋后的竹林、林木、花圃用地；其他生活服务实施用地，如水井、地窖、沼气池用地等几个部分。在我国农村大多数地区，宅基地就是一家一户的农民居住生活的庭院用地。农村居民宅基地的所有权依照法律规定归集体所有，农民对宅基地依法只享有使用权，农村村民宅基地使用权是农民群众的一项重要的财产权利。

4　什么是宅基地纠纷？处理宅基地纠纷要注意哪些问题？

根据我国《宪法》《土地管理法》规定，土地的所有权属于国家和集体所有，任何单位和个人不得侵占、买卖或者以其他形式非法转让土地。但土地的使用权可以依法转让。因此，农民对宅基地没有所有权，只有使用权。宅基地纠纷只是公民因农村宅基地使用权而发生的纠纷。

宅基地纠纷的种类也是多种多样的。以纠纷的双方当事人不同，可分为双方当事人都为公民的宅基地纠纷和当事人一方或双方为国家或集体的宅基地纠纷；以宅基地纠纷的内容不同，可分为使用权界限不明确的纠纷、侵占公共宅基地或他人宅基地的纠纷、妨碍他人使用权的纠纷、毁损他人土地、房屋的纠纷等。

宅基地发生纠纷时，具体应注意以下几个问题：

（1）关于取得宅基地使用权方面。我国《土地管理法》规定，城镇个人建造房屋需要宅基地，应当向所在地的土地管理部门申请，经批准后才能取得宅基地使用权。农村居民建住宅，应当使用原有的宅基地和农村空闲地。使用耕地的，经乡级人民政府审核后，报县级人民政府批准；使用原有的宅基地、村内空闲地和其他土地的，由乡级人民政府批准。城镇非农业人口居民建住宅，需要使用集体所有的土地，必须经县级人民政府批准，其用地面积不得超过省、自治区、直辖市政府规定的标准，并参照国家建设征用土地的标准支付补偿费和安置补助费。凡是未经批准或者采取欺骗手段骗取批准，占用的宅基地无效，应当退回。超标准占用宅基地的超过部分应当退回。

（2）关于宅基地的使用方面。宅基地是建设住宅用地，公民必须合理使用，不得出租、买卖和变相买卖；不得以馈赠钱款、索取财物、土地入股搞联营企业等方式擅自转让。非法转让的，不但非法所得要没收，而且宅基地应收回。农村居民出卖、出租房屋的不能再申请宅基地，社员迁居并拆除房屋后腾出的宅基地，由集体组织收回，统一安排使用。

（3）关于宅基地征用方面。公民对经批准的宅基地有长期使用的权利，但不是永久一成不变的。如果国家因建设需要征用土地，可以经过法定程序，征用宅基地，公民个人应当服从。但如果征用土地违法，未经法定程序，公民可拒绝，占用的可要求退还。

（4）关于历史遗留问题。土改时没收、征收的宅基地，已经确定给个人，由个人享有使用权。没有确定的，归集体所有。合作化时已经宣布归集体的，由集体所有并统一管理。合作化前买卖、典当的宅基地，合作化后进行调整或变更的，一般应维持原使用状况。宅基地经过统一规划的，以规划后确定的使用权为准，社员原用的宅基地已经统一规划另行分配了的，不得再要求收回。宅基地经过合法手续个别调整了的，以调整后的使用权为准。

5 农村宅基地违法行为包括哪些形式?

根据《土地管理法》《土地管理法实施条例》和《基本农田保护条例》的规定，宅基地违法行为主要包括以下八类：（1）农村村民未经批准、非法占用土地建住宅的行为。（2）农村村民采取欺骗手段骗取批准，非法占用土地建住宅的行为。（3）农村村民建住宅超过省、自治区、直辖市规定的标准，多占土地的行为。（4）农村村民买卖或者以其他形式非法转让宅基地的行为。（5）农村村民建住宅用地，违反乡（镇）土地利用总体规划的行为。（6）农村村民不按照批准的用途使用宅基地的行为。（7）农村村民擅自在耕地上建房的行为。（8）农村村民在基本农田保护区建房的行为。

6 哪些人可以申请农村宅基地?

与城里人购买现成的商品房不同，农村村民建房一般是在原有的宅基地上翻新房舍，或者是人口多的家庭申请新的宅基地，建造新的房屋。宅基地是属于集体共同所有的土地，因此一般只有本集体经济组织的成员可以申请宅基地，非本村的村民和城镇居民一般不能申请。而且即便是可以申请宅基地的本村村民，也是有一定条件限制的，不能随意而为。申请宅基地总的原则就是要出于居住的需要。村集体的土地是有限的，无限制地建造房屋势必会缩减耕地的范围。所以，一般来说，一户村民只能拥有一处宅基地，而且宅基地的面积也不能过大，具体标准因地区而异。当村民把自己的房屋出租、出卖或赠给别人时，就不能再申请新的宅基地了。

我国《土地管理法》第 62 条规定:“农村村民一户只能拥有一处宅基地。……”从这里不难看出，可以申请农村宅基地的人通常情况下只能为农村村民。农村村民专指属于本村集体经济组织内的成员，如果非本村集体经济组织成员或者是城镇居民，一般来说是不允许申请宅基地的。当然也可能存在一些特殊的情况，例如，有些地方，如果经过村民大会同意，并且经过相关政府部门的严格批准后，某些特殊的、非本村村民的其他人也可以申请获得宅基地。

根据国家法律及其相关法规的规定，下列人员通常在具备国家法定的条件，经过批准后，可以获得新的宅基地建房:（1）居住拥挤，宅基地面积少于规定的限额标准。（2）确实要分居分家的农户，分家后无宅基地的，也可申请新的宅基地建房。

（3）规划新村、新镇后需要安排宅基地的农户。（4）批准回乡定居的职工、离退休干部、复员退伍军人，以及回乡定居的华侨、侨眷、港澳台同胞等非农业户口人员，需要使用集体所有的土地建住宅的，应当按照农村村民申请建房用地的规定办理。

7 农村村民一户可以拥有几处宅基地吗？

我国农村村民一户只能拥有一处宅基地，这是有法可依的。《土地管理法》第62条规定：“农村村民一户只能拥有一处宅基地……”《国土资源部关于加强农村宅基地管理的意见》第二部分第五项还规定：“严格宅基地申请条件。坚决贯彻‘一户一宅’的法律规定。农村村民一户只能拥有一处宅基地，面积不得超过省（区、市）规定的标准。各地应结合本地实际，制定统一的农村宅基地面积标准和宅基地申请条件。不符合申请条件的不得批准宅基地……”

一处宅基地，是指村民一户所拥有的宅基地是一块整地，而不是分布在村集体土地不同位置上的两处土地。如果分布于不同位置的两处土地，那就是两处地了，显然是违背法律规定的。

拥有一处宅基地的主体是指农村村民的“一户”。是否为一户，应根据户籍管理的户口本来判断。也就是说，如果在户口本上登记的是一家人，那么该户口本所登记的家庭就属于一户，该一户当然只能拥有一处宅基地了。当然，如果子女已经长大成人并已成家，在分户后不够居住，就可以另行申请宅基地，这是在法律允许的范围之内的。

8 农村村民申请宅基地的面积是否不受限制？

农村村民申请宅基地的面积有具体的标准，不能任意申请占地面积。《土地管理法》第62条规定："农村村民一户只能拥有一处宅基地，其宅基地的面积不得超过省、自治区、直辖市规定的标准……"由此可见，根据各省市地区的不同，农村村民申请宅基地面积的限制也是有所不同的。

下面是北京市及广东省各自规定的情况：《北京市实施〈中华人民共和国土地管理法〉办法》第40条："农村村民宅基地的标准，近郊区以及远郊区人多地少的地区，每户不得超过0.25亩，其他地区每户不得超过0.3亩。具体标准由区、县人民政府规定……"《广东省实施〈中华人民共和国土地管理法〉办法》第36条规定："农村村民一户只能拥有一处宅基地，新批准宅基地的面积按如下标准执行：平原地区和城市郊区80平方米以下；丘陵地区120平方米以下；山区150平方米以下。有条件的地区，应当充分利用荒坡地作为宅基地，推广农民公寓式住宅。"

9 村民申请使用集体土地建住宅应当遵循什么程序？

村民申请使用集体土地建设住宅，通常要依照下列程序办理申请用地手续：（1）申请宅基地的村民，需要先向所在地的村农业集体经济组织或村民委员会提出建房申请。（2）村民大会或村民委员会对申请进行讨论，在表决通过后，上报乡（镇）人民政府审核或者按规定办理批准手续。（3）政府办理批准手续的过程是：占用原有宅基地、村内空闲地等非耕地的一般报乡镇人民政府审核批准；占用耕地的，由乡镇人民政府审核，经县人民政府土地管理部门审查同意，报县人民政府批准。（4）由乡镇土地管理所按村镇规划定点划线，准许施工。（5）房屋竣工后，经过有关部门检查验收符合用地要求的，发给集体土地使用证。

10 农村村民在将房屋出租、出卖后，还可否再申请宅基地？

《土地管理法》第62条规定，农村村民出租住房或出卖住房后，再申请宅基地的，不予批准。这是因为，如果村民将房屋出租了，表明出租房屋的村民肯定在自己居住之外还有剩余的房屋，房屋出租后，不会影响到出租者自家的住房问题。另外，我们还应该想到，出租人将宅基地上的房屋出租而获取利益，已经把房屋当作了一种赚钱的工具，如果再允许他申请新的宅基地，就间接地侵害了村集体的公共利益。

此外，将房屋出卖后也是不允许再申请宅基地的。因为宅基地属于集体所有，国家允许村民申请宅基地建房的目的，是为了村民自身居住利益着想，但如果村民将宅基地上的房屋卖掉，这在一定程度上表明出卖房屋的村民有多余的居住场所，不再需要这套住房，因此集体无须再给他提供新的房基地。如果集体组织再允许他申请宅基地，那就是为村民通过出售房屋的方法来获取利益提供了便利和支持，也就变相地侵害了村集体的利益，是应该严令禁止的。

对于农民出租、出卖房屋后不得再申请宅基地的法律规定，政府相关部门在执行的过程中，得到了严格的贯彻。国土资源部印发《关于加强农村宅基地管理的意见》的通知（国土资发〔2004〕234号）第二部分第（5）项第2款规定："农村村民将原有住房出卖、出租或赠与他人后，再申请宅基地的，不得批准。"

11 城镇居民可否在农村购买宅基地？

《宪法》第10条第4款规定："任何组织或者个人不得侵占、买卖或者以其他形式非法转让土地。土地的使用权可以依照法律的规定转让。"宅基地是村民集体所有的土地，而按照我国现行的法律规定，只有国有土地才可以在市场上流通和交易。要想集体土地进入流通领域，则必须首先将集体土地征用，变成国有土地，改变了土地的性质之后才能够流通。

城镇居民购买农村的宅基地显然是违法的。国土资源部在《关于加强农村宅基地管理的意见》第（13）项中规定："严格日常监管制度。各地要进一步健全和完善动态巡查制度，切实加强农村村民住宅建设用地的日常监管，及时发现和制止各类土地违法行为。要重点加强城乡结合部地区农村宅基地的监督管理。严禁城镇居民在农村购置宅基地……"因此，从政府的态度来看，是严禁城镇居民购买农村宅基地的。如果发现城镇居民购买宅基地，政府不仅会对当事人作出一定的处罚，而且购买宅基地的一方也是不可能拿到宅基地使用证的。因为，政府根本不会向城镇居民发放农村宅基地使用证，这种交易本身就是违法的。

12 宅基地是否可以继承？

《继承法》第3条规定："遗产是公民死亡时遗留的个人合法财产……"可是农村宅基地的使用权不是一般的"合法财产"，它有自己的特殊性。这表现在：

第一，因为宅基地使用权具有很强的人身依附性。在通常情况下，必须是具有农村集体经济组织成员资格的人才能取得宅基地使用权。某个人一旦失去了集体经济组织成员的资格，那么他也就自然而然地失去了原有宅基地的使用权，不产生在不同农民个体之间的流转，即不可以继承。

第二，设定农村宅基地使用权的初衷，主要是为了保障每户农民的居住需求，具有社会保障功能。如果允许继承，祖祖辈辈无穷无尽地继承下去，将导致宅基地无限扩大，这就大大违背了《土地管理法》关于村民一户只能拥有一处宅基地的有关规定。而根据各省市的法规规定，村民每户拥有宅基地的面积是有限制的，如果超过本省市规定的标准，一般应当归还给村集体经济组织。

因此，我们说，农村宅基地不是遗产，从法律上讲是不可以继承的。但是，在特殊情况下也有例外，根据"地随房走"的原则，继承人对地上物的继承，即对宅基地上所造房屋的继承将会导致其对宅基地的继承。也就是说，如果继承人继承了房屋，就可以合理合法地继续使用房屋了，村集体经济组织是不会强行要求你拆除房屋将宅基地给腾退出来的。

对于这种难解的矛盾，国家也制定了相关政策。《确定土地所有权和使用权的若干规定》第49条规定："接受转让、购买房屋取得的宅基地，与原有宅基地合计面积超过当地政府规定标准，按照有关规定处理后允许继续使用的，可暂确定其集体土地建设用地使用权。继承房屋取得的宅基地，可确定集体土地建设用地使用权。”同时《确定土地所有权和使用权的若干规定》第51条规定，对于确定农村居民宅基地集体土地建设用地使用权时，其面积超过当地政府规定标准的，可在土地登记卡和土地证书内注明超过标准面积的数量。以后分户建房或现有房屋拆迁、改建、翻建或政府依法实施规划重新建设时，按当地政府规定的面积标准重新确定使用权，对于那些超过标准的部分要退还集体。

13 宅基地使用权包括哪些内容？农民可以改变宅基地的用途吗？

宅基地使用权的权利内容的范围比较广泛，主要包括以下几方面：（1）占有权。宅基地使用权人经依法申请批准取得宅基地使用权后，便享有对宅基地的独占权，任何组织和个人均不得非法侵占、擅自使用或剥夺其宅基地的使用。对于宅基地上旧有的建筑设施及其他林木，所有人或管理人应在合理的期限内作出处理，不得影响宅基地使用权人的使用。（2）使用权。宅基地使用权没有明确的时间限制，不问宅基地使用的年限长短及其建设情况如何。宅基地使用权非依法定原因不能被剥夺。对于宅基地上的建房，与宅基地使用权同时受法律的长期保障，宅基地使用权人可以自由行使权利。（3）在宅基地空闲处修建其他建筑物、设施的权利。宅基地使用权人在主要住宅建筑外，可自行在宅基地范围内建设其他生产或生活需要的建筑和设施。（4）宅基地使用权人有在宅基地内种植林木、花草、蔬菜的权利。该种植的林木、花草、蔬菜归使用权人所有。（5）依法附随房屋出让宅基地使用权的权利。国家保护私有房屋合法买卖、继承、赠予等权利。因房屋和宅基地连同一体，不可分离，所以，宅基地使用权必须连同房屋一并转移。房屋所有权的变动，必须报请县级人民政府房屋管理部门进行变更登记。

农村居民有按照批准的用途使用土地的义务，不得擅自改变宅基地用途。未经依法批准，村民擅自改变宅基地用途的，农村集体经济组织有权按照《土地管理法》第 65 条第 1 款第 2 项的规定，报经原批准用地的人民政府批准，收回村民使用的宅基地。如果因法定的事由，村民需要改变宅基地用途的，在报经有批准权的人民政府批准后，须办理土地变更登记手续，即有关当事人须持批准文件，向土地所在地县级以上人民政府土地行政主管部门提出土地变更登记申请，由原土地登记机关依法进行变更登记。

14 农民可以私自建房吗？农民建房的用地面积限额是多少？村干部能多用宅基地建房吗？

农民建房需要符合一定的条件，履行一定的手续。申请宅基地建房的农民只有符合一定的条件，才有可能取得农村宅基地使用权。根据我国《土地管理法》的规定，城市郊区和农村的农民如果需要宅基地建房时，首先应当按照乡、镇、村建设规划统一安排，在此基础上，村民还应依法经过申请，申请批准后，才能获得所申请的宅基地的使用权。不经申请批准私自建房的行为是违法的，对私建的房屋，国家不但不予保护，而且还要强行拆除。

农村居民每户建房用地的面积限额为 80 平方米至 120 平方米，但三口以下的每户不得超过 80 平方米，六口以上的每户不得超过 120 平方米。利用荒坡地、村内空闲地建房或者对原旧住宅进行翻建的，可以适当增加面积，但每户增加的面积不得超过 30 平方米。

农村村民建住宅可以申请使用农民集体所有的土地，但一户只能拥有一处宅基地，其面积不得超过规定的面积限额。已经达到或超过规定标准的，或者出租、出卖原住房的，不得再申请使用宅基地。

村干部需要宅基地建房时，也必须同其他村民一样，通过村民大会、乡或县政府的批准才能建房。而且批准建房用的土地面积是多少就应使用多少，不能因为是村干部就自以为是，搞特殊化。人人平等是我国《宪法》明确规定的原则，村干部也是一个普通公民，在法律面前没有任何特殊之处，也必须严格依法办事。

15 农村宅基地违法行为应当承担哪些法律责任？

根据《土地管理法》《土地管理法实施条例》和《基本农田保护条例》的有关规定，农村村民的宅基地违法行为人应承担以下法律责任：（1）农村村民未经批准或者采取欺骗手段骗取批准，非法占有土地建住宅的，由县级以上人民政府土地行政主管部门责令退还非法占用的土地，限期拆除在非法占用的土地上新建的房屋。(2)农村村民超过省、自治区、直辖市规定的标准，多占土地的，多占的土地以非法占用土地论处，即按照未经批准或者采取欺骗手段骗取批准非法占用土地的违法行为处罚。(3)农村村民买卖或者以其他形式非法转让宅基地的，由县级以上人民政府土地行政主管部门没收非法所得，可以并处罚款。(4)农村村民不按照批准的用途使用宅基地的，由农村集体经济组织报经原批准用地的人民政府批准，可以收回宅基地使用权。(5)农村村民擅自占用耕地建房，破坏种植条件的，由县级以上人民政府土地行政主管部门责令限期改正或者治理，可以并处罚款；构成犯罪的，依法追究刑事责任。(6)农村村民占用基本农田建房，毁坏种植条件的，由县级以上人民政府土地行政主管部门责令改正或者治理，恢复原种植条件，处占用基本农田的耕地开垦费1倍以上2倍以下的罚款；构成犯罪的，依法追究刑事责任。

16 土地补偿费是怎样计算的？安置补助费是怎样计算的？

土地补偿费是指国家征收集体所有的土地时直接对土地支付的补偿费用。其实质是对土地收益的补偿。土地收益是农业集体经济组织通过占有、经营土地而获得的经济利益。国家征收集体所有的土地时，必须对农业集体经济组织失去土地后所损失的土地收益给予补偿。土地补偿费是征地费的主要部分。国家建设征收土地，由用地单位支付土地补偿费。土地补偿费的标准为：一是征收耕地的补偿费，为该耕地被征收前3年平均年产值的6~10倍。二是征收其他土地的补偿费标准由省、自治区、直辖市参照征收耕地的补偿费标准规定。这里的“该耕地”，是指实际征用的耕地数量。

国家建设征收土地，用地单位除支付土地补偿费外，还应当支付安置补助费。安置补助费是为了安置因征地造成的农村剩余劳动力而发生的补助费，由征收土地的人民政府支付，用于被征收土地使用者或者土地承包经营者的生产和生活安置。

根据《土地管理法》的规定，安置补助费，按照需要安置的农业人口数计算。需要安置的农业人口数，按照被征收的耕地数量除以征地前被征地单位平均每人占有耕地的数量计算。每一个需要安置的农业人口的安置补助费标准，为该耕地被征收前3年平均每亩年产值的4~6倍。这里的“该耕地”，则是指在被征用土地所在地，被征地单位平均每人占有的耕地数量。这样规定，是将每一个需要安置的农业人口的安置补助费与人均耕地面积挂钩，以被征用土地所在地的人均耕地的平均年产值的倍数计算安置补助费，从而使安置补助费标准的确定更加公平、合理，有利于保护农民利益，维护社会稳定。如果按照上述标准不能妥善安置农业人口的，可以提高征收耕地的安置补助费标准，但最高不得超过被征收前3年平均年产值的15倍。

征收其他土地的安置补助费标准，由省、自治区、直辖市参照征收耕地的安置补助费标准规定。在人均耕地特别少的地区，按前述标准支付的土地补偿费和安置补助费，尚不能使需要安置的农民保持原有生活水平的，经省级人民政府批准，可以增加安置补助费。但土地补偿费和安置补助费之和不得超过土地被征收前3年平均年产值的30倍。

征收果园和其他经济林地，按该土地被征收前4年平均年产值的3~5倍补助；征收盐田和有养殖生产的水面、滩涂，按该土地被征收前4年平均年产值的2~4倍补助。一般来讲，如果土地作为生产资料，并作为人们获得生活来源的，则应支付安置补助费，如果是荒山、荒地或不直接从中取得生活来源的，不支付安置补助费。

17 非法占用土地的应如何处理？非法占用土地建住宅的应如何处理？

非法占用土地是指未经批准或者采取欺骗手段骗取批准，非法占用土地的行为。超过批准的数量占用土地，以及超过省、自治区、直辖市规定的标准，多占的土地以非法占用土地论处。根据《土地管理法》第76条的规定，非法占用土地的，由县级以上人民政府土地行政主管部门责令其退还，对违反土地利用总体规划擅自将农用地改为建设用地的，限期拆除在非法占用的土地上新建的建筑物和其他设施，恢复土地原状，对符合土地利用总体规划的，没收在非法占用的土地上新建的建筑物和其他设施，可以并处罚款。非法占用土地的处罚是按非法占用土地每平方米30元以下的标准执行。对非法占用土地单位的直接负责的主管人员和其他直接责任人员，依法给予行政处分；构成犯罪的，依法追究刑事责任。《刑法》第342条规定，违反土地管理法规，非法占用耕地、林地等农用地，改变被占用土地用途，数量较大，造成耕地、林地等农用地大量毁坏的，处五年以下有期徒刑或者拘役，并处或者单处罚金。

《土地管理法》第77条规定，农村村民占用土地建住宅，必须经县级以上人民政府土地行政主管部门批准。未经批准或者采取欺骗手段骗取批准，非法占用土地建住宅的，由县级以上人民政府土地行政主管部门责令退还非法占用的土地，限期拆除在非法占用的土地上新建的房屋。

18 对闲置土地应当怎样处理?

闲置土地是指国有建设用地使用权人超过国有建设用地使用权有偿使用合同或者划拨决定书约定、规定的动工开发日期满一年未动工开发的国有建设用地。已动工开发但开发建设用地面积占应动工开发建设用地总面积不足三分之一或者已投资额占总投资额不足百分之二十五，中止开发建设满一年的国有建设用地，也可以认定为闲置土地。

经依法调查认定的闲置土地，区分以下两种情况依法予以处置：

（1）已动工开发被认定为土地闲置的或属于政府、政府有关部门的行为造成动工开发延迟被认定为土地闲置的，国有建设用地使用权人应当向市、县国土资源主管部门提供土地闲置原因说明材料，经审核属实的，市、县国土资源主管部门应当与国有建设用地使用权人协商，选择下列方式处置：①延长动工开发期限。签订补充协议，重新约定动工开发、竣工期限和违约责任。从补充协议约定的动工开发日期起，延长动工开发期限最长不得超过一年。②调整土地用途、规划条件。按照新用途或者新规划条件重新办理相关用地手续，并按照新用途或者新规划条件核算、收缴或者退还土地价款。改变用途后的土地利用必须符合土地利用总体规划和城乡规划。③由政府安排临时使用。待原项目具备开发建设条件，国有建设用地使用权人重新开发建设。从安排临时使用之日起，临时使用期限最长不得超过两年。④协议有偿收回国有建设用地使用权。⑤置换土地。对已缴清土地价款、落实项目资金，且因规划依法修改造成闲置的，可以为国有建设用地使用权人置换其他价值相当、用途相同的国有建设用地进行开发建设。涉及出让土地的，应当重新签订土地出让合同，并在合同中注明为置换土地。⑥市、县国土资源主管部门还可以根据实际情况规定其他处置方式。

（2）未动工开发且不存在属于政府、政府有关部门的行为造成动工开发延迟情形被认定为土地闲置的，按下列方式处理：①未动工开发满一年的，由市、县国土资源主管部门报经本级人民政府批准后，向国有建设用地使用权人下达《征缴土地闲置费决定书》，按照土地出让或者划拨价款的百分之二十征缴土地闲置费。土地闲置费不得列入生产成本。②未动工开发满两年的，由市、县国土资源主管部门按照《中华人民共和国土地管理法》第37条和《中华人民共和国城市房地产管理法》第26条的规定，报经有批准权的人民政府批准后，向国有建设用地使用权人下达《收回国有建设用地使用权决定书》，无偿收回国有建设用地使用权。闲置土地设有抵押权的，同时抄送相关土地抵押权人。

19 哪些土地应当用于调整承包土地或者承包给新增人口？

《农村土地承包法》第28条规定：下列土地应当用于调整承包土地或者承包给新增人口：（1）集体经济组织依法预留的机动地。（2）通过依法开垦等方式增加的。（3）承包方依法、自愿交回的。根据该条的规定，集体经济组织依法预留的机动地、通过依法开垦等方式增加的土地、承包方依法、自愿交回的土地，应当用于调整承包土地或者承包给新增人口，即在因自然灾害严重毁损承包地等特殊情形需要调整土地时，应当将这些土地用于调整承包地，在因出生、婚嫁、户口迁移等原因，新增人口时，应当将这些土地承包给新增人口。之所以这样规定，是考虑到在目前我国农村人多地少、土地是农民基本生活保障的情况下，将集体预留的机动地、经开垦等增加的土地和承包方交回的土地用于调整承包土地或者承包给新增人口，既有利于保持已有承包关系的长期稳定，也有利于解决无地、少地农民的土地问题，符合广大农民的根本利益。因此，发包方应当将这些土地严格用于调整承包地或者承包给新增人口的目的，不得随意将这些土地以招标、拍卖、公开协商等方式承包出去。需要说明的是，在发生特殊情形需要调整土地时，应当首先将第28条规定的土地用于调整，只有在没有该条规定的土地时，才可以对个别农户之间承包的耕地和草地进行调整。而在集体有新增人口但未达到人、地矛盾突出的程度时，虽然不能对个别农户之间承包的耕地和草地进行调整，但可以将第28条规定的土地承包给新增人口。

20 土地承包合同有哪些规定?

发包方应当与承包方签订书面承包合同。

承包合同一般包括以下条款:(1)发包方、承包方的名称，发包方负责人和承包方代表的姓名、住所。(2)承包土地的名称、坐落、面积、质量等级。(3)承包期限和起止日期。(4)承包土地的用途。(5)发包方和承包方的权利和义务。(6)违约责任。

承包合同自成立之日起生效。承包方自承包合同生效时取得土地承包经营权。

县级以上地方人民政府应当向承包方颁发土地承包经营权证或者林权证等证书，并登记造册，确认土地承包经营权。

颁发土地承包经营权证或者林权证等证书，除按规定收取证书工本费外，不得收取其他费用。

承包合同生效后，发包方不得因承办人或者负责人的变动而变更或解除，也不得因集体经济组织的分立或者合并而变更或者解除。

国家机关及其工作人员不得利用职权干涉农村土地承包或者变更解除承包合同。

21 关于承包经营权的保护，还有哪些规定?

承包期内，承包方可以自愿将承包地交回发包方。承包方自愿交回承包地的，应当提前半年以书面形式通知发包方。承包方在承包期内交回承包地的，在承包期内不得再要求承包土地。

承包期内，妇女结婚，在新居住地未取得承包地的，发包方不得收回其原来承包地；妇女离婚或者丧偶，仍在原居住地生活或者不在原居住地生活但在新居住地未取得承包地的，发包方不得收回其原承包地。

承包人应得的承包收益，依照继承法的规定继承。林地承包的承包人死亡，其继承人可以在承包期内继续承包。

22 什么是土地承包经营权流转？实行土地承包经营权流转有什么必要性和指导思想？流转的方式和原则是什么？

土地承包经营权流转，是指在农户土地承包权不变的基础上，承包方将自承包的村集体的部分或全部土地以一定的条件转移给第三方经营，原承包方或第三方向村集体履行原承包合同的行为。

在我国推行土地承包经营权的流转，具有以下必要性：（1）土地承包经营权流转是促进农村种植业结构调整的需要。（2）土地承包经营权流转是农业经济市场化、国际化的需要。（3）土地承包经营权流转是稳定土地承包关系的需要。（4）土地承包经营权流转是维护农村社会稳定的需要。

我国实行土地承包经营权流转的指导思想是：（1）农村土地承包经营权要在长期稳定的家庭承包经营的前提下进行。（2）农村土地承包经营权流转必须在农民自愿的前提下进行。（3）农村土地承包经营权流转主要应当在农户之间进行。（4）土地承包经营权必须依法进行。（5）土地承包经营权流转必须坚持有偿原则。

《农村土地承包法》第32条规定，通过家庭承包取得的土地承包经营权可以依法采取转包、出租、互换、转让或其他方式流转。（1）转包。转包主要发生在农村集体经济组织内部农户之间。（2）出租。出租主要是农户将土地承包经营权租赁给本集体经济组织以外的人。（3）互换。互换是农村集体经济组织内部的农户之间，为方便耕种和各自需要，对各自的土地承包经营权的交换。（4）转让。转让是农户将土地承包经营权转移给他人，转让将使农户丧失对承包土地的使用权。（5）入股。即承包方将承包土地使用权入股，参加农业股份制、农业股份合作制或实行“股田制”，并以入股股份作为分红依据。（6）退包。是指承包户在承包期内把承包土地退交给集体，由集体重新发包的行为。

土地承包经营权流转应坚持以下原则：（1）平等协商、自愿有偿原则。（2）不改变土地所有权的性质和土地的农业用途的原则。（3）流转的期限不得超过承包期剩余年限的原则。（4）受让方须有农业生产经营能力的原则。（5）本集体经济组织成员优先原则。

23 当前土地流转中存在着哪些问题？哪些做法是土地承包经营权的流转侵权和违法行为？

当前土地流转中存在以下问题：

（1）对土地流转认识不足。个别基层干部特别是村级干部对土地流转工作不够重视，在调整种植业结构时，没有运用土地流转这种符合市场经济规律的形式去操作，仍然沿用行政干预和强迫命令的办法，引起群众不满；有的地方放松了对土地流转的管理，不闻不问，自行发展；不少群众对土地流转不重视，不了解流转程序，不了解如何流转其行为才合法有效，因而在流转中未能很好地保护自己的合法权益。（2）土地流转不规范。从调查看，土地流转不规范主要表现在口头协议多，缺少书面的材料，发生纠纷后没有处理依据；不经发包方同意，私自流转，致使流转行为不受法律保护；流转合同不统一，个别地方条款烦琐，操作性不强。（3）档案管理不规范。表现在：合同签订不及时，合同签订率低；土地流转情况未在《土地承包经营权证》内登记；没有建立土地流转台账，乡村两级不能及时掌握了解流转情况；合同入档率低，整理建档不及时，容易造成丢失和损坏。（4）组织机构不健全。由于人员变动，合同仲裁员在岗的已所剩无几，不少县市区合同仲裁机构已无法正常开展工作，严重影响了合同纠纷的及时调解仲裁。

《农村土地承包法》第35条规定："承包期内，发包方不得单方面解除承包合同，不得假借少数服从多数强迫承包方放弃或者变更土地承包经营权，不得以划分'口粮田'和'责任田'等为由收回承包地搞招标承包，不得将承包地收回抵顶欠款。"依据这一法规，以下四种做法，属于在土地承包经营权流转中侵犯农民权益和违反法律法规的行为：一是单方面解除承包合同，特别是发包方；二是假借少数服从多数强迫承包方放弃、变更土地承包经营权；三是以划分"口粮田"和"责任田"等为由收回承包地搞招标承包；四是将承包地收回抵顶欠款。

24 承包土地的农民全家迁入城镇生活，就应该交还承包的土地吗？

在这种情形下，农民是否交还承包的土地须视该农户成员户口是否转为城市户口而定。

根据《土地承包法》第 26 条的规定，承包期内，承包方全家迁入小城镇落户的，应当按照承包方的意愿，保留其土地承包经营权或者允许其依法进行土地承包经营权流转。承包期内，承包方全家迁入设区的市，转为非农业户口的，应当将承包的耕地和草地交回发包方。承包方不交回的，发包方可以收回承包的耕地和草地。承包期内，承包方交回承包地或者发包方依法收回承包地时，承包方对其在承包地上投入而提高土地生产能力的，有权获得相应的补偿。

所以，如果该农户成员还是具有农业户口的话，原土地承包关系可以维持不变，只有在他们已经转为城市户口时才要交回承包的土地。

25 什么是土地征收征用制度？什么叫非法侵占、挪用征地费？

征收和征用是两个不同的法律概念。我国《宪法》第 10 条第 3 款规定："国家为了公共利益的需要，可以依照法律规定对土地实行征收或者征用并给予补偿。"我国《土地管理法》第 2 条第 4 款规定："国家为了公共利益的需要，可以依法对土地实行征收或者征用并给予补偿。"《宪法》《土地管理法》

为了正确处理私有财产保护和公共利益需要、公民权利和国家权力之间的关系，而确立的我国土地征收征用制度。土地征收是指为了公共利益的需要，国家把农民集体所有的土地强制地征归国有；土地征用是指为了公共利益的需要，强制性地使用农民集体所有的土地。土地征收和土地征用的主要区别在于：征收是所有权的改变，征用只是使用权的改变。土地征收是国家从农民集体那里取得了所有权，发生了所有权的转移；征用则是在紧急情况下对农民集体所有土地的强制性使用，在紧急情况结束后，要把被征用的土地归还给农民集体。因此，确立土地征收征用制度，既是为了公共利益的需要，又是对农民集体所有土地在特殊情况下的一种保护。

非法侵占、挪用征地费，是指单位或个人将属于农民集体所有的土地补偿费、安置补助费以及农民个人所有的地上附着物和青苗补偿费据为己有的行为。非法挪用征地费，是指单位或个人将被征收土地的土地补偿费、安置补助费、地上附着物和青苗补偿费挪作他用，谋取利益的行为。根据有关法律规定，侵占、挪用被征收土地单位的征地补偿费用和其他有关费用，构成犯罪的，依法追究刑事责任；不构成犯罪的，依法给予行政处分。

26 征收农村集体土地补偿费如何计算？

根据《土地管理法》第 47 条第 2 款、第 3 款规定，征收农村集体经济组织所有的土地，土地补偿费的补偿对象为农村集体经济组织，并不是直接支付给农民个人。土地补偿费按照国家政策的有关规定，由被征地单位用于恢复和发展生产。

根据我国有关的法律法规规定，国家征收农村集体经济组织的土地用于一般建设的，其土地补助费具体标准是：（1）征收耕地的，按该耕地被征收前3年平均年产值的6~10倍计算。至于具体为多少倍，由各省、自治区、直辖市人民政府在上述法定的范围内根据当地情况予以确定。其计算公式为：土地补偿费=被征收土地前3年的平均年产值×补偿倍数（6≤补偿倍数≤10）。（2）征收耕地之外的其他土地，土地补偿费由各省、自治区、直辖市参照上述对耕地的土地补偿费标准予以确定。

27　集体土地使用权的转让受到哪些限制？

集体土地使用权的对象可以分为两类：一类是农用地。农用地包括耕地和其他农业用地，还有可用于农业开发的荒山、荒滩、荒沟、荒丘。另一类是建设用地。建设用地包括宅基地、乡镇企业用地和公益用地等。

根据《土地管理法》第63条的规定，农民集体所有的土地的使用权不得出让、转让或者出租用于非农业建设。这就意味着农业用地在集体内是可以依法转让的，但不得改变土地的农业用途。建设用地中的宅基地，在符合法律规定的情况下也可以在一定的范围内转让。

集体内的农业用地转让只能是在农业集体内部自愿流转，集体土地使用权的性质不能改变，这是土地在集体内部的自愿调整，是一种合理的使用与分配，有利于农民调剂余缺。必须强调的是，土地在转让之后，不能改变其农业用地的用途，依然要为农村的经济发展服务。而且，考虑到平衡大众的利益和公平原则，我国法律还规定，受转让人受让他人土地取得农业用地使用权后，其拥有的土地面积不得超过当地人民政府规定的最高限额。

关于承包土地的转让，我国《物权法》和《农村土地承包法》都允许土地承包经营权的流转，这就意味着承包的土地可以依法转让，简而言之就是转包。由于多种原因，当原承包户不愿继续耕种时，经发包方同意，可以进行土地承包权有偿转让。除了可以转包之外，同一集体经济组织或不同集体经济组织的承包农户，根据相互间承包田块的地理位置、远近距离、土壤肥沃程度、个人专长等也可以对承包田进行互换，主要目的是便于操作管理。

关于荒山、荒滩、荒沟、荒丘的使用权的转让。国家为了促进对“四荒”土地的开发和利用，获取经济效益，专门在《物权法》第 133 条规定，可以通过招标、拍卖、公开协商等方式承包荒地等农村土地。这就意味着对“四荒”土地的开发和利用的主体不再局限于农村集体经济组织的成员，任何企事业单位、社会团体、个人都可以开发“四荒土地”，对“四荒土地”的转让对象没有任何限制。

关于宅基地的转让。我国《物权法》第 153 条规定，宅基地使用权的取得、行使和转让，适用土地管理法等法律和国家的有关规定。

根据《土地管理法》第 63 条的规定，只有一种情况，可以将集体土地使用权转让，用于非农业建设，那就是对于符合土地利用总体规划，而且依法取得了建设用地的企业，由于破产、兼并等原因使土地使用权发生转移的情形。这种情形主要是指乡镇企业破产、兼并，企业的资产（包括厂房等）发生转移而导致土地使用权发生转移，如果土地上没有建筑物等设施，集体土地的使用权也就不允许转让，和耕地一样，不得转让用于非农业用途。

28 碰到土地所有权和使用权的争议应如何解决？外出务工农民的土地承包经营权如何保护？

《土地管理法》第 16 条规定，土地所有权和使用权争议，由当事人协商解决；协商不成的，由人民政府处理。单位之间的争议，由县级以上人民政府处理；个人之间、个人与单位之间的争议，由乡级人民政府或者县级以上人民政府处理。当事人对有关人民政府的处理决定不服的，可以自接到处理决定通知之日起 30 日内向人民法院起诉。在土地所有权和使用权争议解决前，任何一方不得改变土地利用现状。因此，土地所有权和使用权争议实行的是政府处理前置的原则，对处理决定不服的才可以通过司法途径解决。需要注意的是，该起诉仍属于民事诉讼，而不是行政诉讼。

《土地管理法》第 14 条规定："农民的土地承包经营权受法律保护。"对外出农民回乡务农，只要在土地二轮延包中获得了承包权，就必须将承包地还给原承包农户继续耕作。乡村组织已经将外出农民的承包地发包给别的农户耕作的，如果是短期合同，应当将承包收益支付给拥有土地承包权的农户，合同到期后，将土地还给原承包农户耕作。如果是长期合同，可以修订合同，将承包地及时还给原承包农户；或者在协商一致的基础上，通过给予或提高原承包农户补偿的方式解决。对外出农户中少数没有参加二轮延包、现在返乡要求承包土地的，要区别不同情况，民主协商，妥善处理。如果该农户的户口仍在农村，原则上应同意其继续参加土地承包，有条件的应在机动地中调剂解决，没有机动地的，可通过土地流转等办法解决。

本章案例

土地承包合同无效，责任由谁来承担

【典型案例】

2016年12月，村民李某与当时的村委会签订了一份土地承包合同。合同约定，村委会将村属的15亩承包地承包给李某经营，承包期限为30年。合同签订后，李某对所承包的土地进行了重新规范和整理，并在投资近3000元的承包土地上新打了一眼深井。次年10月，李某所在的村委会进行了换届选举。换届后的村委会以原村委会与李某所签订的土地承包合同没有召开村民大会，违反民主议定原则为由，将李某所承包的土地强行收回。李某将村委会告上法庭，要求确认合同有效，被告继续履行合同；如果确认合同无效，要求赔偿2万元经济损失。

法院经审理后认为，原告李某与原村委会之间签订的土地承包合同违反了民主议定原则，属于无效合同。原村委会

在签订合同中存在明显过错，应当对因合同无效给原告李某造成的经济损失进行赔偿。但法院在判决中只对因合同无效给李某造成的直接损失作了认定，判决村委会赔偿李某整地和打井费用5000元，而对李某自行委托价格认证中心认证的不能继续履行合同后两年的土地可得利益损失13000元，以“属于期待利益，不是直接损失，且村委会有异议”为由，不予支持。

【案例解读】

农村土地承包合同与其他合同相比，具有长期性特点，一般为30年。这种土地承包合同签订后，承包人为顾及长远利益，其初始投入往往较大，承包人的期待利益也是巨大的。一旦合同被确认无效，法院若仅仅支持承包方直接损失，而不考虑其间接损失，势必会损害农民的切身利益。以上案例中，对李某自行委托认证机构做出的间接损失认定，如双方有异议，法院可委托有鉴定资格的认证机构予以认证，并在合理幅度内根据双方的过错责任予以分担，而不应以“属于期待利益”为由不予支持。只要承包方的间接损失是可以预见并能预期取得的利益，就应支持，这也符合合同法中有关损失的赔偿原则。

第8章 农林牧渔管理与规范

1 怎样大力发展农村生产力，发展现代化农业，千方百计提高农业经济收入？

要针对制约农村生产力发展的突出问题，抓住关键环节，采取综合措施，加强粮食综合生产能力建设，加快农业科技进步，加强农村基础设施建设，加快转变农业增长方式。

（1）要用现代工业的理念谋划农业发展。用现代工业部门提供的物质技术条件装备农业，全面实现农业生产机械化，彻底改变以人力为主的农业耕作方式。（2）要加快农业结构调整步伐，提高农村经济组织化程度。优化粮食生产结构，粮食生产要以增收为目的，要以生产质量高、增加值多的农产品为主，要积极发展粮食产品的深加工，把粗放生产经营模式转变为集约生产经营模式，提高粮食生产的综合效益。（3）要优化农业产业结构，大力发展特色农业、畜牧业、林果业、水产业和蔬菜业等，优化农产品品质结构，提高农产品质量安全水平和市场竞争力。优化农业区域布局，为了避免地区之间产业过度雷同，实现规模经营，形成区域整体优势。

2 如何扭转农民增收缓慢的局面？

扭转农民增收缓慢局面需通过以下措施：

（1）盘活土地资源。土地是农民赖以生存的物质基础，是农业和农村经济发展的载体。发展农业和农村经济首先必须盘活土地资源。要在不改变家庭承包经营的前提下，实现土地资源，尤其是后备资源的有序流转，最大限度地发挥资源开发效益。盘活土地资源，一是要稳定土地承包关系。稳定是盘活的前提，只有严格执行土地承包期延长30年不变的政策，才能尽可能地调动农民开发土地的积极性，消除短期行为和掠夺性经营现象。二是要建立合理的流转机制。鼓励将耕地、山场的经营权通过转包、拍卖、入股等形式逐步向大户、向能人集中，实现土地资源的高效配置。

（2）实施规模经营。市场农业、现代农业发展的客观要求就是要实行产业化、规模化、集约化经营。在市场经济环境下，一定程度上可以说规模就是市场，规模就是效益。只有形成了规模生产，实现了产品的批量上市，才能降低农产品交易的市场风险和交易成本，确保生产效益。现阶段的家庭承包经营，对实施规模化经营虽然有一定制约，但规模经营并非无路可走，无章可循。只要通过一定途径和方式组织千家万户统一发展某一项产业就可以形成区域性的规模发展。要实现农户家庭经营基础上的骨干产业规模经营，逐步走上主导产业的小型大规模发展之路，笔者认为主要有三条途径：一是通过龙头企业发展带动产业规模经营；二是通过示范样板的辐射带动形成规模化生产；三是通过能人带动形成规模化扩张。

（3）突破性发展龙头企业。现阶段农村经济发展的突出矛盾就是千家万户分散经营与瞬息万变大市场之间的矛盾。由于农产品生产与市场之间缺乏必要的连接纽带，分散生产和销售，很难形成规模和优势，即便是形成了规模生产，也会因为分散销售抢市场而出现互相压价、相互残杀的现象，加大了农产品交易的市场风险和交易成本。要确保农业产业的健康发展，就必须突破性发展产业龙头企业，靠龙头将农户的分散经营与大市场有效连接起来，形成产供销、贸工农一体化经营格局。发展龙头企业，一是要走出政府办企业、管企业的误区。本着谁有能力谁牵头，谁先发展扶持谁的原则，按市场经济规律组建龙头企业，不能搞“拉郎配”和过多的行政干预。二是要建立合理的利益分配机制。龙头企业的发展经营必须兼顾公司、农户等多方利益，防止出现一味追求公司利益而损坏农民利益的现象，只有真正形成风险共担、利益均沾的共同体，才能切实起到产业发展的龙头带动作用。三是要为龙头企业的发展出台优惠政策，创造宽松的环境。

（4）主攻精品名牌。现阶段的农产品市场已全面实现了由卖方市场向买方市场的转变，而生产的目的也由解决温饱转向了增收致富。不论是传统农产品生产，还是高效经济作物种植，都存在着市场营销的问题。在什么都有、什么都多的市场环境中，要实现农产品的有效销售，就必须主攻精品名牌，靠品牌效应占领市场，解决卖难现象，可以说品牌就是市场。主攻精品名牌应从四个方面入手：一是攻特色。创精品名牌必须突出自己的特色项目、特色产品，靠多数地方不具备的优势出奇制胜。二是攻管理。开创名牌后最重要的是配套各项管理措施，防止假冒产品充斥市场而砸牌。三是攻宣传。“好酒也怕巷子深”，在千方百计攻市场的同时，要加大宣传攻势。四是攻批量。创精品名牌的最终目的是要抢占市场先机，实现顺利销售，从而获取较高的效益。因此，必须组织批量生产，形成批量上市，消除有品牌无产品、有产品无批量现象。

3 怎样加快劳动力转移、拓宽农民增收渠道发展农村经济？

当前加快农村劳动力转移是保持农民收入持续稳定增长的根本之计，要从以下几个方面抓起：

（1）加快城市进程。经济发展水平是影响一个地区劳动力转移速度的决定因素。经济持续较快发展意味着就业空间扩大，农民外出务工机会也多。加快农村劳动力转移从根本上说，是要通过转变经济增长方式、加快新型工业化进程，保持经济持续、健康、较快发展。近年来随着经济结构调整和产业升级，经济发达地区的劳动力密集型工厂搬至或设分厂于生产成本低、交通日益通达的不发达地区和小城市，产业和资本出现了加快转移的趋势。这种梯度转移对加快欠发达地区的工业化和城市化进程、促进当地的经济发展发挥了显著作用。为此，我们也要不失时机地顺应这种趋势，大力促进产业和资本的梯度转移。

（2）转移方式要多样化。针对目前各地在农村劳动力转移工作中普遍重于劳务输出的倾向，在劳动力转移方式上要因地制宜，坚持多样性，要坚持内部与外部、异地与就地、境内与境外相结合，职业转移与身份转移结合，就业与创业并重。

（3）支持农民创业。就业是民生之本，创业是就业之源。要学习浙江农民致富的最大经验“百万农民创业，带动千万农民就业”，使农民普遍得实惠，长期得利益。目前，最有活力的中小企业是民营企业和“个私”经济，而农民创业就是其中的一支重要生力军。

（4）发展教育和培训事业是促进劳动力有序流动、解决农业剩余劳动力转移问题治本之策。农村人口和劳动力素质的高低，直接关系着农村经济的发展，关系着农村剩余劳动力转移的规模和速度。因此，从近期看，只有针对劳动力不同的文化水平，分层次、分对象、分渠道地进行专业技能培训，提高农村劳动力在统一的劳动力市场中的竞争能力，才能促进农村富余劳动力向非农产业和城镇转移。从长远看，要大力发展农村教育事业，把青少年作为最主要的教育目标。

4 如何创新农业经营方式？

（1）完善农村土地承包制度，发展农业适度规模经营。随着越来越多的农村转移劳动力在城镇就业定居，农业从业人员逐步下降，发展农业适度规模经营的条件已初步具备。当前和今后一段时期，扩大农业经营规模主要有两条途径：一是通过土地经营权流转，扩大土地经营规模；二是引导一部分农户退出承包地，增加人均土地占有规模从而扩大农业经营规模。

发展适度规模经营重点是规范和引导土地承包经营权流转，培育专业大户、家庭农场、农民专业台作社和农业企业等规模经营主体。首先，要稳定现有土地承包关系，赋予农民包括占有、使用、收益、处分和抵押等更加完整充分的土地财产权利，强化农户承包权的确权、登记和发证工作，加强对农户承包权的物权保护。其次，要健全土地承包经营权流转市场，主要是建立农地流转市场和农地流转信息服务平台，培育农地流转中介服务组织，推行土地流转合同备案和鉴证制度，加强农地流转用途监管，规范土地流转行为。最后，探索建立经营权流转补贴制度，对转出农地的农户和一定经营规模以上的转入主体实行补贴，引导部分农民转出承包地。

此外，还要通过建立承包权退出机制，对已在城镇就业定居并愿意退出承包地的农户给予合理的经济补偿，引导他们退还承包地，扩大留在农村从事农业的农户的经营规模。

（2）健全农业社会化服务体系，提高农业经营组织化程度。培育专业大户、家庭农场、农民专业合作社和龙头企业等规模经营主体，是转变农业经营方式的长期方向，但在相当长的一段时期内较小规模的家庭经营仍将大量存在，当务之急是要尽快建立起覆盖全程、综合配套、高效便捷的新型农业社会化服务体系，扩大农业服务规模，提高农业经营组织化程度。

一要抓紧制定和落实针对农民专业合作社的财政、税收和金融支持政策，鼓励和引导农民专业合作社开展信用合作，扶持农民专业合作社加快发展，提高农民专业合作社生产经营、技术应用、信息收集和市场开拓的能力，增强其为成员服务、维护成员利益的功能，充分发挥其为农服务的基础作用。

二要在继续支持龙头企业做强做大的同时，倡导龙头企业积极履行社会责任，引导龙头企业与农户建立更加公平合理的利益联结机制，充分发挥其为农服务、带农增收的骨干作用。

三要健全乡镇或区域性农业公共服务机构，建立村级服务站点，创新管理体制，充实农业公共服务人员，提高人员素质，加强农业公共服务能力建设，使其成为农业社会化服务体系的重要支撑。

5 怎样加快发展农村第二、第三产业？

按照统筹城乡产业发展、实现城乡工业联动的要求，加快转变农村工业发展方式，促进农村工业转型和产业结构升级。

第一，抓住城市工业转型升级、产业转移、技术扩散的有利时机，立足当地资源状况、市场条件、区位优势和技术水平选择支柱产业，加快农村工业发展。

第二，加快技术改造步伐，淘汰落后工艺和设备，围绕节约资源、提高效率、减少面源污染、保护生态环境等环节，提升农村传统产业，促进农村工业转型升级。

第三，加强土地利用规划管理和项目用地审批管理，科学规划村镇工业发展用地，采取调整村镇布局、集中置换分散的集体建设用地、推进废弃土地复耕等措施，解决农村工业发展用地问题。

第四，加大对吸纳就业能力强、技术含量高、低碳环保的农村工业发展的信贷支持力度。健全农村工业企业信用担保体系，落实应收账款、仓单、可转让股权、专利权、商标专用权等权利的质押贷款政策。建立中小企业信贷增长风险补偿机制，推动中小企业上市融资。

在引导农村工业转型、加快农村工业发展的同时，按照优化结构、协调发展的要求，加快农村服务业发展。

第一，支持供销合作社、农民专业合作社、专业服务公司、专业技术协会、农村经纪人等多种主体，为农户提供农资经销、农机销售和维修、农业技术推广和指导、动物防疫、市场信息和农产品流通等多种内容的生产经营服务。

第二，围绕技术研发、职工招聘与培训、仓储物流、市场营销、邮政、金融、会计、法律、管理咨询等内容，为农村中小企业发展提供专业化服务。

第三，鼓励农村个体工商户围绕餐饮、交通、商贸、娱乐、旅游等行业，发展以服务当地农村社区为主的生活性服务业。

第四，鼓励发展适合农村特点和满足农民需求的各种小型金融服务，为发展农村服务业提供金融支持，为农村居民提供消费信贷。

6　如何优化城镇布局、完善城镇功能，推进城镇化发展的制度创新？

坚持大中小城市和小城镇协调发展，着力提高城镇综合承载能力。要把城市群作为推进城镇化的主体形态，逐步形成高效、协调、可持续的城镇化空间格局；已形成城市群发展格局的区域，要加强城市群内各城市的分工协作和优势互补；具备城市群发展条件的区域，要加强统筹规划，形成若干就业多、要素集聚能力强、人口分布合理的新城市群；不具备城市群发展条件的区域，要重点发展中小城市、县城及中心镇，使之成为本地区集聚人口、经济和提供公共服务的中心。要把中小城市和小城镇发展作为重点，着力提高其人口和经济聚集功能。完善加快小城镇发展的财税、投融资等配套政策；年度土地利用计划要注重支持中小城市和小城镇发展。农村宅基地和村庄整理所节约的土地，调剂为建设用地的，在县域内按照土地利用总体规划使用，纳入年度土地利用计划，主要用于产业集聚发展、方便农民就近转移就业。依法赋予经济发展快、人口吸纳能力强的小城镇在投资审批、工商管理、社会治安等方面的行政管理权限。加强城乡规划、设计、建设及综合管理，加强城镇基础设施建设，健全城镇居住、公共服务和社区服务等功能，改善城镇生活环境，全面提高城镇管理水平和发展质量。

推进城镇化制度创新，必须按照统筹城乡发展的要求，抓紧在城乡体制改革的关键环节上取得突破。“十三五”时期，积极推进以人为核心的新型城镇化，一是加快落实放宽中小城市、小城镇特别是县城和中心镇落户条件的政策，促进符合条件的农村转移人口在城镇落户并享有与当地城镇居民同等的权益。推进大中城市户籍管理制度改革。落实和完善居住证制度。二是按照“公平对待、合理引导、完善管理、搞好服务”的要求，加快落实国家关于促进农民工进城就业的各项政策措施，加快建立城乡统一的人力资源市场，促进城乡劳动力平等就业。三是扩大城镇住房保障覆盖面，促进有条件的城市将有稳定职业并在城市居住一定年限的农民工逐步纳入城镇住房保障体系。四是扩大农民工工伤、医疗、养老保险覆盖面，落实农民工养老保险关系转移接续政策。五是将农民工纳入城镇社会管理体系，在人口管理、子女教育、公共卫生、社会治安等方面为农民工提供基本公共服务。

7 采伐林木要办理何种手续？由谁来审核发放采伐许可证？

根据《中华人民共和国森林法》（以下简称《森林法》）第32条的规定，采伐林木必须申请采伐许可证，按许可证的规定进行采伐；农村居民采伐自留地和房前屋后个人所有的零星林木除外。农村集体经济组织采伐林木，由县级林业主管部门依照有关规定审核发放采伐许可证。

8 采伐许可证应如何申请？如何办理采伐许可证？林木采伐是否有数量限制？

《森林法》第34条规定：国有林业企业事业单位申请采伐许可证时，必须提出伐区调查设计文件。其他单位申请采伐许可证时，必须提出有关采伐的目的、地点、林种、林况、面积、蓄积、方式和更新措施等内容的文件。

办理采伐许可证，首先由林木产权单位或个人提出申请，并由镇人民政府出具意见，报县林业主管部门（县农业经济局）审批。申请报告内容包括申请者基本情况，申请理由，采伐目的、地点、面积、树种、株数、蓄积量和采伐方式以及更新措施、时间等。采伐的林带、林木要写明是国家级生态公益林或省级生态公益林或县级生态公益林或一般生态公益林，并出具采伐林木的所有权、使用权证明。县农经局执法大队收到申请报告后，如属县级或一般生态公益林，则在收到申请报告之日起，12 个工作日内完成对申请采伐的林木进行现场踏勘，报局领导审批后，告知申请者是否同意采伐。如属国家级或省级生态公益林，则报省级以上林业行政主管部门审批。

《森林法》第 8 条规定："对森林实行限额采伐。"省人民政府每年以文件形式下达给各县人民政府林木采伐指标，采伐指标由县人民政府委托县林业行政主管部门管理。

9 什么是盗伐林木行为？什么叫滥伐林木行为？

根据最高人民法院、最高人民检察院关于办理盗伐、滥伐林木案件应用法律的几个问题的解释：盗伐林木是指违反森林法及其他保护森林法规，以非法占有为目的，擅自砍伐国家、集体所有（包括他人依法承包经营管理国家或集体所有）的森林或者其他林木，以及擅自砍伐他人自留山上的林木。以非法占有为目的擅自砍伐本人承包经营管理的国家或集体所有的森林或其他林木的行为也叫盗伐林木行为。

根据最高人民法院、最高人民检察院关于办理盗伐、滥伐林木案件应用法律的几个问题的解释：滥伐林木是指违反森林法及其他保护森林法规，未经林业行政主管部门及法律规定的其他主管部门批准并核发采伐许可证，或者虽持有采伐许可证，但违背采伐证所规定的地点、数量、树种、方式而任意采伐本单位所有或管理的，以及本人自留山上的森林或者其他林木的行为。

10 滥伐林木如何处罚？什么是滥伐林木罪？

根据《森林法实施条例》第39条的规定，滥伐森林或者其他林木，以立木材积计算不足2立方米或者幼树不足50株的，由县级以上人民政府林业主管部门责令补种滥伐株数5倍的树木，并处滥伐林木价值2倍至3倍的罚款。滥伐森林或者其他林木，以立木材积计算2立方米以上或者幼树50株以上的，由县级以上人民政府林业主管部门责令补种滥伐株数5倍的树木，并处滥伐林木价值3倍至5倍的罚款。超过木材生产计划采伐森林或者其他林木的，依照前两款规定处罚。

根据《最高人民法院关于审理破坏森林资源刑事案件具体应用法律若干问题的解释》第5条规定，违反森林法的规定，具有下列情形之一，数量较大的，依照《刑法》第345条第2款的规定，以滥伐林木罪定罪处罚：（1）未经林业行政主管部门及法律规定的其他主管部门批准并核发林木采伐许可证，或者虽持有林木采伐许可证，但违反林木采伐许可证规定的时间、数量、树种或者方式，任意采伐本单位所有或者本人所有的森林或者其他林木的。（2）超过林木采伐许可证规定的数量采伐他人所有的森林或者其他林木的。

林木权属争议一方在林木权属确权之前，擅自砍伐森林或者其他林木，数量较大的，以滥伐林木罪论处。

滥伐林木“数量较大”，以立木10立方米以上或者幼树500株以上为起点。“数量巨大”以立木50立方米或幼树2500株为起点。

根据《刑法》第345条规定，滥伐森林或者其他林木，数量较大的，处三年以下有期徒刑、拘役或者管制，并处或者单处罚金；数量巨大的，处三年以上七年以下有期徒刑，并处罚金。非法收购、运输明知是盗伐、滥伐的林木，情节严重的，处三年以下有期徒刑、拘役或者管制，并处或者单处罚金；情节特别严重的，处三年以上七年以下有期徒刑，并处罚金。盗伐、滥伐国家级自然保护区内的森林或者其他林木的，从重处罚。

11 对非法收购林木如何进行处理？对采伐后未更新或未完成更新林木任务如何进行处理？

《森林法》第 43 条规定，在林区非法收购明知是盗伐、滥伐的林木的，由林业主管部门责令停止违法行为，没收违法收购的盗伐、滥伐的林木或者变卖所得，可以并处违法收购林木的价款 1 倍以上 3 倍以下的罚款；构成犯罪的，依法追究刑事责任。

《森林法》第 45 条对采伐后未及时更新的行为作了如下规定："采伐林木的单位或者个人没有按照规定完成更新造林任务的，发放采伐许可证的部门有权不再发给采伐许可证，直到完成更新造林任务为止；情节严重的，可以由林业主管部门处以罚款，对直接责任人员由所在单位或者上级主管机关给予行政处分。"

《森林法实施条例》第 42 条规定，有下列情形之一的，由县级以上人民政府林业主管部门责令限期完成造林任务；逾期未完成的，可以处应完成而未完成造林任务所需费用 2 倍以下的罚款；对直接负责的主管人员和其他直接责任人员，依法给予行政处分：（1）连续两年未完成更新造林任务的。（2）当年更新造林面积未达到应更新造林面积 50% 的。（3）除国家特别规定的干旱、半干旱地区外，更新造林当年成活率未达到 85% 的。（4）植树造林责任单位未按照所在地县级人民政府的要求按时完成造林任务的。

12 什么是盗伐林木罪？它是怎样量刑的？

盗伐林木罪是指以非法占有为目的，违反森林保护法规，盗伐森林或者其他林木，数量较大的行为。

《刑法》第 345 条第 1 款规定，盗伐森林或者其他林木，数量较大的，处三年以下有期徒刑、拘役或者管制，并处或者单处罚金；数量巨大的，处三年以上七年以下有期徒刑，并处罚金；数量特别巨大的，处七年以上有期徒刑，并处罚金。第 345 条第 4 款规定，盗伐、滥伐国家级自然保护区内的森林或者其他林木的，从重处罚。第 346 条规定，单位犯本节第 338 条至第 345 条规定之罪的，对单位判处罚金，并对其直接负责的主管人员和其他直接责任人员，依照本节的规定处罚。

13 我国对渔业生产实行什么样的方针和管理体制？

根据《渔业法》第 1 条和第 3 条的规定，为了加强渔业资源的保护、增殖、开发和合理利用，发展人工养殖，保障渔业生产者的合法权益，促进渔业生产的发展，国家对渔业生产实行以养殖为主，养殖、捕捞、加工并举，因地制宜，各有侧重的方针。国家对渔业的监督管理，实行统一领导、分级管理。国务院渔业行政主管部门主管全国的渔业工作。县级以上地方政府渔业行政主管部门主管本行政区域内的渔业工作。县级以上政府渔业行政主管部门可以在重要渔业水域、渔港设渔政监督管理机构。县级以上政府渔业行政主管部门及其所属的渔政监督管理机构可以设渔政检查人员。渔业行政主管部门和其所属的渔政监督管理机构及其工作人员不得参与和从事渔业生产经营活动。

海洋渔业，除国务院划定由国务院渔业行政主管部门及其所属的渔政监督管理机构监督管理的海域和特定渔业资源渔场外，由毗邻海域的省级政府渔业行政主管部门监督管理。江河、湖泊等水域的渔业，按照行政区划由有关县级以上政府渔业行政主管部门监督管理；跨行政区域的，由有关县级以上地方政府协商制定管理办法，或者由上一级政府渔业行政主管部门及其所属的渔政监督管理机构监督管理。

14 从事养殖业必须遵守哪些规定？

根据《渔业法》的相关规定，国家鼓励全民所有制单位、集体所有制单位和个人充分利用适于养殖的水域、滩涂，发展养殖业。国家对水域利用进行统一规划，确定可以用于养殖业的水域和滩涂。单位和个人使用国家规划确定用于养殖业的全民所有的水域、滩涂的，使用者应当向县级以上地方政府渔业行政主管部门提出申请，由本级政府核发养殖证，许可其使用该水域、滩涂从事养殖生产。集体所有的或者全民所有由农业集体经济组织使用的水域、滩涂，可以由个人或者集体承包，从事养殖生产。县级以上地方政府在核发养殖证时，应当优先安排当地的渔业生产者；应当采取措施，加强对商品鱼生产基地和城市郊区重要养殖水域的保护；县级以上政府渔业行政主管部门应当加强对养殖生产的技术指导和病害防治工作。

国家鼓励和支持水产优良品种的选育、培育和推广。水产新品种必须经全国水产原种和良种审定委员会审定，由国务院渔业行政主管部门批准后方可推广。水产苗种的进口、出口由国务院渔业行政主管部门或者省级政府渔业行政主管部门审批。水产苗种的生产由县级以上地方政府渔业行政主管部门审批。但是，渔业生产者自育、自用水产苗种的除外。水产苗种的进口、出口必须实施检疫，防止病害传入境内和传出境外。引进转基因水产苗种必须进行安全性评价。从事养殖生产不得使用含有毒有害物质的饵料、饲料。从事养殖生产应当保护水域生态环境，科学确定养殖密度，合理投饵、施肥、使用药物，不得造成水域的环境污染。

15 我国对捕捞业实行哪些管理制度？

根据《渔业法》第21条的规定，国家在财政、信贷和税收等方面采取措施，鼓励、扶持远洋捕捞业的发展，并根据渔业资源的可捕捞量，安排内水和近海捕捞力量。

（1）国家根据捕捞量低于渔业资源增长量的原则，确定渔业资源的总可捕捞量，实行捕捞限额制度。我国内海、领海、专属经济区和其他管辖海域的捕捞限额总量由国务院渔业行政主管部门确定，报国务院批准后逐级分解下达；国家确定的重要江河、湖泊的捕捞限额总量由有关省级政府确定或者协商确定，逐级分解下达。捕捞限额总量的分配应当体现公平、公正的原则，分配办法和分配结果必须向社会公开，并接受监督。

（2）国家对捕捞业实行捕捞许可证制度。海洋大型拖网、围网作业以及到我国与有关国家缔结的协定确定的共同管理的渔区或者公海从事捕捞作业的捕捞许可证，由国务院渔业行政主管部门批准发放。其他作业的捕捞许可证，由县级以上地方政府渔业行政主管部门批准发放；但是，批准发放海洋作业的捕捞许可证不得超过国家下达的船网工具控制指标。到他国管辖海域从事捕捞作业的，应当经国务院渔业行政主管部门批准，并遵守我国缔结的或者参加的有关条约、协定和有关国家的法律。

具备下列条件的，方可发给捕捞许可证：①有渔业船舶检验证书。②有渔业船舶登记证书。③符合国务院渔业行政主管部门规定的其他条件。县级以上地方政府渔业行政主管部门批准发放的捕捞许可证，应当与上级政府渔业行政主管部门下达的捕捞限额指标相适应。

（3）从事捕捞作业的单位和个人，必须按照捕捞许可证关于作业类型、场所、时限、渔具数量和捕捞限额的规定进行作业，并遵守国家有关保护渔业资源的规定，大中型渔船应当填写渔捞日志。制造、更新改造、购置、进口的从事捕捞作业的船舶必须经渔业船舶检验部门检验合格后，方可下水作业。

（4）渔港建设应当遵守国家的统一规划，实行“谁投资、谁受益”的原则。县级以上地方政府应当对位于本行政区域内的渔港加强监督管理，维护渔港的正常秩序。

16 我国对于渔业资源的增殖和保护采取什么样的法律措施？

根据《渔业法》的有关规定，县级以上政府渔业行政主管部门应当对其管理的渔业水域统一规划，采取措施，增殖渔业资源。可以向受益的单位和个人征收渔业资源增殖保护费，专门用于增殖和保护渔业资源。

国家保护水产种质资源及其生存环境，并在具有较高经济价值和遗传育种价值的水产种质资源的主要生长繁育区域建立水产种质资源保护区。未经国务院渔业行政主管部门批准，任何单位或者个人不得在水产种质资源保护区内从事捕捞活动。

禁止使用炸鱼、毒鱼、电鱼等破坏渔业资源的方法进行捕捞。禁止制造、销售、使用禁用的渔具。禁止在禁渔区、禁渔期进行捕捞。禁止使用小于最小网目尺寸的网具进行捕捞。捕捞的渔获物中幼鱼不得超过规定的比例。在禁渔区或者禁渔期内禁止销售非法捕捞的渔获物。禁止捕捞有重要经济价值的水生动物苗种。因养殖或者其他特殊需要，捕捞有重要经济价值的苗种或者禁捕的怀卵亲体的，必须经国务院渔业行政主管部门或者省级政府渔业行政主管部门批准，在指定的区域和时间内，按照限额捕捞。在水生动物苗种重点产区引水用水时，应当采取措施，保护苗种。

在鱼、虾、蟹洄游通道建闸、筑坝，对渔业资源有严重影响的，建设单位应当建造过鱼设施或者采取其他补救措施。用于渔业并兼有调蓄、灌溉等功能的水体，有关主管部门应当确定渔业生产所需的最低水位线。禁止围湖造田。沿海滩涂未经县级以上政府批准，不得围垦；重要的苗种基地和养殖场所不得围垦。

各级政府应当采取措施，保护和改善渔业水域的生态环境，防治污染。国家对白鳍豚等珍贵、濒危水生野生动物实行重点保护，防止其灭绝。禁止捕杀、伤害国家重点保护的水生野生动物。因科学研究、驯养繁殖、展览或者其他特殊情况，需要捕捞国家重点保护的水生野生动物的，依照《野生动物保护法》的规定执行。

17 兴办动物养殖场需要办理哪些手续？种畜禽生产经营的要求和条件是什么？

依据《动物防疫法》第20条和《畜禽养殖污染防治管理办法》第6条的规定，兴办动物养殖场所应当按照规定办理相关手续。申请人应当向县级以上地方人民政府兽医主管部门提出申请，并附具相关材料。受理申请的兽医主管部门应当依照《动物防疫法》和《行政许可法》的规定进行审查。经审查合格的，发给动物防疫条件合格证，动物防疫条件合格证应当载明申请人的名称、场（厂）址等事项；不合格的，应当通知申请人并说明理由。需要办理工商登记的，申请人凭动物防疫条件合格证向工商行政管理部门申请办理登记注册手续。此外，新建、改建和扩建畜禽养殖场，必须按建设项目环境保护法律、法规的规定，进行环境影响评价，办理有关审批手续。畜禽养殖场的环境影响评价报告书（表）中，应规定畜禽废渣综合利用方案和措施。

种畜禽生产是畜牧业发展的基础，直接影响着畜牧业商品生产的质量和数量。依法对种畜禽生产经营进行管理，对提高种畜禽生产的质量，杜绝假冒伪劣品种流入种畜禽市场，保证我国畜牧业持续、稳定、健康发展是非常重要和必要的。因此，《种畜禽管理条例》规定，对种畜禽生产经营实行许可证管理制度。所有从事畜禽生产经营的单位和个人，必须符合一定的条件，取得《种畜禽生产许可证》，并凭证办理工商登记注册后，方可开展种畜禽生产经营活动。

生产经营种畜禽的单位和个人，必须符合下列条件：（1）符合良好繁育体系规划的布局要求。（2）所用种畜禽合格、优良，来源符合技术要求，并达到一定数量。（3）有相应的畜牧兽医技术人员。（4）有相应的防疫设施。（5）有相应的育种资料和记录。

18 《种畜禽生产经营许可证》的核发与变更是怎样规定的？种畜禽生产经营还有其他什么规定？

具备条件的种畜禽生产经营单位和个人，可向所在地县级以上人民政府畜牧行政主管部门申领《种畜禽生产经营许可证》。但生产经营畜禽精液、胚胎或其他遗传材料，必须向国家或省级畜牧行政主管部门申请核发《种畜禽生产经营许可证》。工商行政管理机关凭此证依法办理登记注册。取得种畜禽生产经营资格的单位和个人，必须按照许可证规定的品种、品系、代别和利用年限进行生产经营，不得随意变更生产经营范围。确需变更生产经营范围的，须向原发证机关办理变更手续。

从事种畜禽生产经营，必须遵守种畜禽繁育、生产的技术规程和有关兽医卫生规定，建立生产和育种档案，建立和实施防疫制度。销售的种畜禽，应当达到国家有关标准、行业标准或企业标准，并附有种畜禽场出具的《种畜禽合格证》，大牲畜还需提供有关系谱。

19 什么是禽流感和猪流感？其症状如何？怎样预防？

禽流感是禽流行性感冒的简称，这是一种由甲型流感病毒的一种亚型引起的传染性疾病综合征，被国际兽疫局定为 A 类传染病，是指由禽流感病毒引起的一种人、禽共患的急性传染病。主要发生在鸡、鸭、鹅、鸽子等禽类之中，引起从呼吸系统到严重全身败血症等多种症状，又称真性鸡瘟或欧洲鸡瘟。不仅是鸡，其他一些家禽和野鸟都能感染禽流感。按病原体的类型，禽流感可分为高致病性、低致病性和非致病性三大类。高致病性禽流感因其传播快、危害大，被世界动物卫生组织列为 A 类动物疫病，我国将其列为一类动物疫病。禽类感染了禽流感会精神沉郁，饲料消耗量减少，消瘦；母鸡的就巢性增强，产蛋量下降；轻度直至严重的呼吸道症状，包括咳嗽、打喷嚏和大量流泪；头部和脸部水肿，神经紊乱和腹泻。这些症状中的任何一种都可能单独或以不同的组合出现。人类患上禽流感后，潜伏期一般为7天以内，早期症状与其他流感非常相似，主要表现为发热、流涕、鼻塞、咳嗽、咽痛、头痛、全身不适等症状。大多数患者治愈后良好，病程短，恢复快，且不留后遗症，但少数患者特别是年龄较大、治疗过迟的患者病情会迅速发展成进行性肺炎、急性呼吸窘迫综合征、肺出血、胸腔积液等多种并发症。农民自家小规模饲养的鸡、鸭，应注意禽舍的清洁卫生，自觉接受动物防疫监督机构的监测。如果在受禽流感威胁区内，应给鸡、鸭注射有效的疫苗。一旦发现疑似高致病性禽流感疫情，应立即向当地动物防疫监督机构报告，并对疫点采取封锁隔离措施，防止疫情扩散。

猪流感是一种由A型猪流感病毒引起的猪呼吸系统疾病，该病毒可在猪群中造成流感暴发。引发疫情的病毒是猪流感病毒A（H1N1）亚型，是一种之前从未在人和猪身上出现过的新型猪流感病毒；发病人群多为青壮年，而不是季节性流感的易感人群——老人和儿童。人感染猪流感的途径可能是通过接触受感染的生猪或接触被猪流感病毒感染的环境，或通过与感染猪流感病毒的人发生接触。人感染猪流感后的症状与普通流感相似，包括发热、咳嗽、喉咙痛、身体疼痛、头痛、发冷和疲劳等，有些病例还会出现腹泻和呕吐，重者会继发肺炎和呼吸衰竭，甚至死亡。世界卫生组织专家说，猪流感的症状与其他流感症状类似，如高热、咳嗽、乏力、厌食等。预防猪流感的方法是要充足睡眠、勤于锻炼、勤洗手、室内保持通风等，养成良好的个人卫生习惯。

20 养殖场应当做好哪些动物疫病防治工作？

从事畜禽养殖，应当依照《动物防疫法》的规定，做好畜禽疫病的防治工作：（1）饲养动物的单位和个人应当依法履行动物疫病强制免疫义务，按照兽医主管部门的要求做好强制免疫工作。经强制免疫的动物，应当按照国务院兽医主管部门的规定建立免疫档案，加施畜禽标识，实施可追溯管理。（2）种用、乳用动物应当接受动物疫病预防控制机构的定期检测；检测不合格的，应当按照国务院兽医主管部门的规定予以处理。（3）动物、动物产品的运载工具、垫料、包装物、容器等应当符合国务院兽医主管部门规定的动物防疫要求。（4）应当依照本法和国务院兽医主管部门的规定，做好免疫、消毒等动物疫病预防工作。（5）生产区封闭隔离，工程设计和工艺流程符合动物防疫要求；有相应的污水、污物、病死动物、染疫动物产品的无害化处理设施设备和清洗消毒设施设备；有为其服务的动物防疫技术人员；等等。

21 养殖场污染物排放需要符合哪些条件？养殖场的禽畜废渣应当怎样处理？

畜禽养殖场必须按有关规定向所在地的环境保护行政主管部门进行排污申报登记。畜禽养殖场排放污染物，不得超过国家或地方规定的排放标准。在依法实施污染物排放总量控制的区域内，畜禽养殖场必须按规定取得《排污许可证》，并按照《排污许可证》的规定排放污染物。畜禽养殖场排放污染物，应按照国家规定缴纳排污费；向水体排放污染物，超过国家或地方规定排放标准的，应按规定缴纳超标准排污费。关于排污费征缴，可查找《排污费征收标准管理办法》（原国家计委、财政部、环保总局、原国家经贸委，2003年第31号令）以及《关于医院和畜禽养殖场排污费征收核算有关问题的复函》（环函〔2005〕191号）。

畜禽养殖场必须设置畜禽废渣的储存设施和场所，采取对储存场所地面进行水泥硬化等措施，防止畜禽废渣渗漏、散落、溢流、雨水淋失、恶臭气味等对周围环境造成污染和危害。畜禽养殖场应当保持环境整洁，采取清污分流和粪尿的干湿分离等措施，实现清洁养殖。畜禽养殖场应采取将畜禽废渣还田、生产沼气、制造有机肥料、制造再生饲料等方法进行综合利用。用于直接还田利用的畜禽粪便，应当经处理达到规定的无害化标准，防止病菌传播。禽畜废渣不得向水体倾倒。运输畜禽废渣，必须采取防渗漏、防流失、防遗撒及其他防止污染环境的措施，妥善处置贮运工具清洗废水。

22 国家对生猪饲养有哪些扶持措施？

（1）养殖业用地按种植业用地对待。养殖业用水用电按种植业计算征收费用。金融部门对养殖业小额贷款要放开，加大信贷力度，可以实行联户担保。对各级农业产业化龙头企业、种畜禽生产企业、优势畜产品产区、奶牛养殖小区和各类规模养殖场，有不同的项目支持，但需要申报。

（2）为稳定猪肉供应，完善猪肉储备体系，国家将对生猪养殖特别是母猪养殖进行资金补助。每头母猪国家将补助 50 元；其中国家负担 60%，地方负担 40%。此外国家还将对生猪调运大县进行奖励。

（3）建立能繁母猪补贴制度。为了保护能繁母猪生产能力，国家按每头母猪 50 元的补贴标准，对饲养能繁母猪的养殖户（场）给予补贴，有条件的地方可适当提高补贴标准。

（4）积极推进能繁母猪保险工作。为有效降低养殖能繁母猪的风险，鼓励能繁母猪生产，国家建立能繁母猪保险制度，保费由政府负担 80%，养殖户（场）负担 20%。中央财政对中西部地区给予差别补助。各地要积极支持保险机构开展能繁母猪保险业务，鼓励养殖户（场）投保，防范疫病等风险。

（5）扶持生猪标准化规模饲养。实行标准化规模饲养是生猪生产的发展方向。地方各级人民政府要采取措施，鼓励大型标准化生猪养殖场的建设，引导农民建立养殖小区，降低养殖成本，改善防疫条件，提高生猪生产能力。国家对标准化规模养猪场（小区）的粪污处理和沼气池等基础设施建设给予适当支持。

23 人工捕获的野生动物可以饲养吗？哪些动物及动物产品不得销售？

依据《动物防疫法》第 47 条规定，人工捕获的可能传播动物疫病的野生动物，应当报经捕获地动物卫生监督机构检疫，经检疫合格的，方可饲养、经营和运输。

依据《农产品质量安全法》第 33 条，根据其规定，有下列情形之一的农产品，不得销售：

（1）含有国家禁止使用的农药、兽药或者其他化学物质的。（2）农药、兽药等化学物质残留或者含有的重金属等有毒有害物质不符合农产品质量安全标准的。（3）含有的致病性寄生虫、微生物或者生物毒素不符合农产品质量安全标准的。（4）使用的保鲜剂、防腐剂、添加剂等材料不符合国家有关强制性的技术规范的。（5）其他不符合农产品质量安全标准的。因此，存在上述情形的动物及动物产品不得销售。

24 违法经营染疫动物，会受到什么样的处罚？

《动物防疫法》第25条规定，禁止屠宰、经营、运输下列动物和生产、经营、加工、贮藏、运输下列动物产品：（1）封锁疫区内与所发生动物疫病有关的。（2）疫区内易感染的。（3）依法应当检疫而未经检疫或者检疫不合格的。（4）染疫或者疑似染疫的。（5）病死或者死因不明的。（6）其他不符合国务院兽医主管部门有关动物防疫规定的。

第48条规定，经检疫不合格的动物、动物产品，货主应当在动物卫生监督机构监督下按照国务院兽医主管部门的规定处理，处理费用由货主承担。

违反上述第25条的规定，屠宰、经营、运输动物或者生产、经营、加工、贮藏、运输动物产品的，由动物卫生监督机构责令改正、采取补救措施，没收违法所得和动物、动物产品，并处同类检疫合格动物、动物产品货值金额一倍以上五倍以下罚款；其中依法应当检疫而未检疫的，由动物卫生监督机构责令改正，处同类检疫合格动物、动物产品货值金额百分之十以上百分之五十以下罚款；对货主以外的承运人处运输费用一倍以上三倍以下罚款。

25 如何申办管理兽药生产许可证？如何鉴别假的和劣质兽药？

（1）兽药生产许可证申请的条件。设立兽药生产企业，应当符合国家兽药行业发展规划和产业政策，并具备下列条件：一是与所生产的兽药相适应的兽医学、药学或者相关专业的技术人员。二是与所生产的兽药相适应的厂房、设备。三是与所生产的兽药相适应的兽药质量管理和质量检验的机构、人员、仪器设备。四是符合安全、卫生要求的生产环境。五是兽药生产质量管理规范规定的其他生产条件。

（2）申请与发证。符合规定条件的生产企业，可向省级兽医行政管理部门提出申请，并附具规定的证明材料；省级兽医行政管理部门应当自收到申请之日起 20 个工作日内，将审核意见和有关资料报送农业部。农业部应当自收到审核意见和有关材料之日起 40 个工作日内完成审查。经审查合格的，发给兽药生产许可证；不合格的，应当书面通知申请人。申请人凭兽药生产许可证办理工商登记手续。

（3）兽药生产许可证有效期。兽药生产许可证的有效期为 5 年。有效期届满，需要继续生产兽药的，应当在许可证有效期届满前 6 个月到原发证机关申请换发兽药生产许可证。

（4）兽药生产许可证换发与变更。兽药生产许可证在其所载明的生产范围、生产地点、有效期和法定代表人姓名、住址等事项范围内有效。兽药生产企业变更生产范围、生产地点，应当申请换发兽药生产许可证，申请人凭换发的兽药生产许可证办理工商变更登记手续；变更企业名称、法定代表人的，应当在办理工商变更登记手续后15个工作日内，到原发证机关申请换发兽药生产许可证。

有下列情形之一的，为假兽药：（1）以非兽药冒充兽药或者以他种兽药冒充此种兽药的。（2）兽药所含成分的种类、名称与兽药国家标准不符合的。

有下列情形之一的，按照假兽药处理：（1）国务院兽医行政管理部门规定禁止使用的。（2）依照本条例规定应当经审查批准而未经审查批准即生产、进口的，或者依照本条例规定应当经抽查检验、审查核对而未经抽查检验、审查核对即销售、进口的。（3）变质的。（4）被污染的。（5）所标明的适应症或者功能主治超出规定范围的。

有下列情形之一的，为劣质兽药：（1）成分含量不符合兽药国家标准或者不标明有效成分的。（2）不标明或者更改有效期或者超过有效期的。（3）不标明或者更改产品批号的。（4）其他不符合兽药国家标准，但不属于假兽药的。

26 怎样加强兽药经营管理？

《兽药管理条例》规定：从事兽药生产的企业，应当符合国家兽药行业发展规划和产业政策，并具备下列条件：（1）与所生产的兽药相适应的兽医学、药学或者相关专业的技术人员。

（2）与所生产的兽药相适应的厂房、设施。（3）与所生产的兽药相适应的兽药质量管理和质量检验的机构、人员、仪器设备。（4）符合安全、卫生要求的生产环境。（5）兽药生产质量管理规范规定的其他生产条件。

符合前款规定条件的，申请人方可向省、自治区、直辖市人民政府兽医行政管理部门提出申请，并附具符合前款规定条件的证明材料；省、自治区、直辖市人民政府兽医行政管理部门应当自收到申请之日起40个工作日内完成审查。经审查合格的，发给兽药生产许可证；不合格的，应当书面通知申请人。

27 饲料、饲料添加剂经营企业应具备什么条件？

饲料、饲料添加剂经营企业应具备如下条件：（1）有与经营饲料、饲料添加剂相适应的仓储设施。（2）有具备饲料、饲料添加剂使用、贮存、分装等知识的技术人员。（3）有必要的产品质量管理制度。（4）经营饲料、饲料添加剂的企业，进货时必须核对产品标签、产品质量合格证。（5）禁止经营无产品质量标准、无产品质量合格证、无生产许可证和产品批准文号的饲料、饲料添加剂。（6）禁止生产、经营停用、禁用或者淘汰的饲料、饲料添加剂以及未经审定公布的饲料、饲料添加剂。（7）禁止经营未经国务院农业行政主管部门登记的进口饲料、进口饲料添加剂。（8）饲料、饲料添加剂在使用过程中，证实对饲养动物、人体健康和环境有害的，由国务院农业行政主管部门决定限用、停用或者禁用，并予以公布。（9）禁止对饲料、饲料添加剂作预防或者治疗动物疾病的说明或者宣传；但是，饲料中加入药物饲料添加剂的，可以对所加入的药物饲料添加剂的作用加以说明。

本章案例

非法采伐、毁坏国家重点保护植物获刑

【典型案例】

2010年春季至2011年秋季，被告人李某为了开地，在没有任何审批手续的情况下，在山河屯林业局七峰山林场施业区5林班内开垦林地4.439公顷，在开地过程中被告人李某用手锯和油锯非法采伐树木262株，其中国家重点保护植物水曲柳55株、黄菠萝12株。2011年秋季，被告人李某雇佣钩机在七峰山林场施业区5林班内，在非法开垦的林地南侧挖出一条水壕，在挖壕过程中毁坏树木68株，其中国家重点保护植物水曲柳23株。被告人李某于2012年6月1日被山河屯林业地区公安局工作人员抓捕归案。

法院经审理认为，被告人李某为了开地，在未经批准且没有任何审批手续的情况下，非法采伐国家重点保护植物水曲柳55株、黄菠萝12株，毁坏国家重点保护植物水曲柳23株，其行为已构成非法采伐、毁坏国家重点保护植物罪。检察机关起诉罪名成立。因被告人李某犯罪后能够如实供述其犯罪事实，属于自愿认罪，可酌情予以从轻处罚。依照《中华人民共和国刑法》第344条的规定，作出如下判决：被告

人李某犯非法采伐、毁坏国家重点保护植物罪，判处有期徒刑五年，并处罚金三万元。

【案例解读】

本案中被告人李某，在没有任何审批手续的情况下，非法采伐国家重点保护植物水曲柳55株、黄菠萝12株，毁坏国家重点保护植物水曲柳23株，其行为已构成非法采伐、毁坏国家重点保护植物罪，根据《最高人民法院关于审理破坏森林资源刑事案件具体应用法律若干问题的解释》第2条的规定，非法采伐珍贵树木二株以上属于情节严重，本案中被告人李某的行为属于情节严重，应处三年以上七年以下有期徒刑，并处罚金。

图书在版编目（CIP）数据

农村干部依法治村管理实务 / 李笑主编 . —北京：中国法制出版社，2018.6

（农村社会治理创新与法治建设丛书）

ISBN 978-7-5093-9480-9

Ⅰ . ①农… Ⅱ . ①李… Ⅲ . ①法律－中国－问题解答 Ⅳ . ① D920.5

中国版本图书馆 CIP 数据核字（2018）第 111035 号

策划编辑：戴　蕊（dora6322@sina.com）

责任编辑：戴　蕊　程　思　　封面设计：李　宁

农村干部依法治村管理实务

NONGCUN GANBU YIFA ZHICUN GUANLI SHIWU

主编 / 李笑

经销 / 新华书店

印刷 / 三河市国英印务有限公司

开本 / 880 毫米 ×1230 毫米　32 开　　印张 / 8.75　字数 / 189 千

版次 / 2018 年 7 月第 1 版　　2018 年 7 月第 1 次印刷

中国法制出版社出版

书号 ISBN 978-7-5093-9480-9　　定价：29.80 元

值班电话：010-66026508

北京西单横二条 2 号　邮政编码：100031　　传真：010-66031119

网址：http://www.zgfzs.com　　**编辑部电话：010-66066620**

市场营销部电话：010-66033393　　**邮购部电话：010-66033288**

（如有印装质量问题，请与本社印务部联系调换。电话：010-66032926）